BVT

Dieses Buch ist die Essenz des Lebenswerks des berühmten Harvard-Professors Richard Pipes. Er erläutert die Geburt des Kommunismus als Theorie der Klassengesellschaft und seiner Überwindung, schildert Verbreitung und Aneignung der Ideen durch die jungen radikalen russischen Intellektuellen unter Führung von Lenin und warum sie – entgegen aller Prognosen von Marx – dort auf fruchtbaren Boden fielen. Er berichtet von der Oktoberrevolution, dem Bürgerkrieg, Stalin, den Säuberungen und dem »Großen Vaterländischen Krieg«, der Erstarrung im Kalten Krieg und schließlich dem Zusammenbruch der Sowjetunion unter Gorbatschow. Pipes erläutert die Geschichte im globalen Kontext, schildert die Entwicklungen in China und den Einfluss dieser Idee auf die Dritte Welt.

Richard Pipes lehrte Geschichte an der Harvard University und war dort Leiter des *Russian Research Center*, außerdem war er 1981 und 1982 *Director of the National Security Council's East European and Soviet Affairs Team.* Er ist anerkannter Autor von Standardwerken über die Sowjetunion. Richard Pipes lebt in Cambridge, Massachusetts, und in New Hampshire.

Richard Pipes

Kommunismus

Aus dem Englischen
von Thomas Pfeiffer

Berliner Taschenbuch Verlag

Deutsche Erstausgabe
Januar 2003
BvT Berliner Taschenbuch Verlags GmbH, Berlin,
ein Unternehmen der Verlagsgruppe Random House GmbH
Die Originalausgabe erschien 2001 unter dem Titel
Communism. A Brief History
bei Weidenfeld & Nicholson, London

Umschlaggestaltung: Nina Rothfos und Patrick Gabler, Hamburg,
unter Verwendung einer Fotografie von © akg-images/Nelly Rauä-Häring
Gesetzt aus der Minion durch psb, Berlin
Druck und Bindung: Elsnerdruck, Berlin
Printed in Germany · ISBN 3-442-76133-6

INHALT

Das Beste am Sowjetregime war sein Scheitern. Wäre es erfolgreich gewesen […], hätte ich gewusst, dass keine Grenzen dafür existieren, wie weit der Mensch terrorisiert und versklavt werden kann.

Malcolm Muggeridge[1]

VORWORT

Dieses Buch ist eine Einführung in den Kommunismus und zugleich auch ein Nachruf darauf. Denn selbst wenn das Streben nach vollkommener gesellschaftlicher Gleichheit, welches die utopischen Kommunisten seit jeher antrieb, jemals wieder aufgenommen werden sollte, wird das aller Wahrscheinlichkeit nach nicht in der Form des Marxismus-Leninismus passieren. Die Niederlage des Letzteren war so umfassend, dass selbst die postsowjetischen Kommunisten in Russland und anderen Ländern ihn zu Gunsten einer nationalistisch verbrämten, eklektizistisch sozialdemokratischen Plattform aufgegeben haben. Wir sind deshalb heute in der Lage, die Bilanz einer Bewegung zu ziehen, die den Großteil des 20. Jahrhunderts dominierte, und festzustellen, ob ihr Scheitern auf menschliches Versagen oder auf in ihrer ureigenen Natur angelegte Fehler zurückzuführen ist.

Der in den vierziger Jahren des 19. Jahrhunderts in Paris geprägte Begriff »Kommunismus« bezieht sich auf drei eigenständige, jedoch miteinander verknüpfte Phänomene: ein Ideal, ein Programm und ein zur Umsetzung des Ideals errichtetes Regime.*

* Eine klare Unterscheidung zwischen »Kommunismus« und »Sozialismus« ist nicht möglich. Marx unterschied zwei Phasen auf dem Weg zum vollendeten Kommunismus. Zuerst eine Übergangsphase, in der die alten Ungleichheiten trotz der fortschreitenden Zerstörung ihrer Grundlagen weiter bestehen bleiben würden, gefolgt von einer zweiten, höher entwickelten Phase, in der das Prinzip »Jeder nach seinen Fähigkeiten, jedem nach seinen Bedürfnissen« anstelle des Prinzips

Das *Ideal* ist das einer vollen gesellschaftlichen Gleichheit, das in seiner extremsten Form die Auflösung des Individuums in der Gemeinschaft fordert (so zum Beispiel in einigen von Platons Schriften). Da gesellschaftliche und ökonomische Ungleichheiten primär von der ungleichen Eigentumsverteilung bedingt werden, verlangt die Verwirklichung dieses Ideals, dass kein »Mein« und »Dein« – mit anderen Worten, kein Privateigentum – mehr existiert. Dieses Ideal wurde bereits in der Antike formuliert und hat sich seit dem 7. Jahrhundert vor Christus bis in die Gegenwart hinein immer wieder in der Geschichte des westlichen Denkens manifestiert.

Das *Programm* datiert zurück auf die Mitte des 19. Jahrhunderts und ist am engsten assoziiert mit den Namen Karl Marx und Friedrich Engels. In ihrem *Kommunistischen Manifest* von 1848 schrieben Marx und Engels: »In diesem Sinne können die Kommunisten ihre Theorie in dem einen Ausdruck: Abschaffung des Privateigentums, zusammenfassen.« Engels erhob den Anspruch, dass Marx eine wissenschaftliche Theorie formuliert habe, die den unausweichlichen Zusammenbruch aller auf Klassenunterschieden basierenden Gesellschaften demonstrierte.

Obgleich es in der Geschichte hier und da zu Versuchen kam, das kommunistische Ideal in die Tat umzusetzen, war das, was sich in Russland zwischen 1917 und 1991 abspielte, der erste entschlossene Versuch, dies unter Einsatz der vollen Macht des Staates zu erreichen. Der Gründer dieses *Regimes*, Wladimir

»Gleicher Lohn für gleiche Arbeit« treten würde. Lenin definierte die erste Phase zwar als Sozialismus und die zweite als Kommunismus – was ihn aber nicht daran hinderte, seine Partei kurz nach der Machtübernahme in Russland von »Sozialdemokratische Partei« in »Kommunistische Partei« umzutaufen.[1]

Iljitsch Lenin, postulierte die Entstehung einer egalitären Gesellschaft, die kein Eigentum kannte, aus einer »Diktatur des Proletariats«, welche das Privateigentum abschaffen und dem Kommunismus den Weg bahnen würde.

Wir werden uns in diesem kurzen Abriss der Geschichte des Kommunismus an dieser Reihenfolge orientieren. Ein solches Vorgehen erscheint zum einen von der Logik her sinnvoll und entspricht zum anderen der historischen Entwicklung des Kommunismus: von der Idee über das Programm bis hin zur Umsetzung. Da jedoch das Ideal und das Programm für sich genommen vergleichsweise harmlos sind, jeder Versuch, sie in die Praxis umzusetzen – zumal mit der massiven Macht eines Staates im Rücken –, jedoch verheerende Folgen gezeitigt hat, werden wir uns auf die Umsetzung konzentrieren.

I. KOMMUNISTISCHE THEORIE UND PROGRAMM

Die Vorstellung einer klassenlosen, vollkommen egalitären Gesellschaft datiert zurück auf das antike Griechenland. Das antike Griechenland war der erste Staat der Welt, der Privateigentum an Grund und Boden anerkannte und Grund und Boden als eine Ware behandelte – und damit auch das erste Gemeinwesen, das sich mit den aus dem Eigentumsprinzip ergebenden sozialen Ungleichheiten auseinander zu setzen hatte. Hesiod, ein Zeitgenosse Homers aus dem 7. Jahrhundert vor Christus, pries in dem Gedicht *Werke und Tage* ein mythologisches »Goldenes Zeitalter«, in der die Menschen nicht die »schändliche Lust nach Gewinn« antrieb, in dem alle Güter im Überfluss für alle vorhanden waren und die Menschheit in immer währendem Frieden lebte. Dieses Goldene Zeitalter klingt auch in den Schriften der römischen Poeten Vergil und Ovid an; Ovid etwa sprach von einer Zeit, in der die Welt weder »Grenzpflöcke noch Zäune« kannte.

Die früheste theoretische Ausformulierung des Ideals findet sich in den Schriften Platons, der in *Der Staat* durch die Stimme des Sokrates das Eigentum als Wurzel für Zwietracht und Kriege identifizierte:

> Ist das [Übel] nicht eine Folge davon, dass die Bürger nicht alle zugleich Worte anwenden wie »Mein« und »Nicht mein«? […] [und] der Staat nun, in dem die große Mehrzahl darin übereinstimmt in der Anwendung dieser Ausdrücke Mein und Nicht mein auf die nämliche Sache, ist der nicht am besten verwaltet?[1]

In *Die Gesetze* entwarf Platon nicht nur eine Gesellschaft, in der die Menschen alle weltlichen Besitztümer und ihre Frauen und Kinder miteinander teilten, sondern auch eine, in der

> [...] mit allen Mitteln das, was man als Eigen bezeichnet, in jeder Beziehung aus dem Leben ganz verbannt ist, und man es nach Möglichkeit auch dahin gebracht hat, dass auch das, was einem von Natur eigen ist, irgendwie gemeinsam wird, dass zum Beispiel die Augen und Ohren und Hände gemeinsam zu sehen, zu hören und zu arbeiten scheinen, dass ferner alle möglichst einstimmig Lob und Tadel äußern, weil sie sich über dasselbe freuen oder betrübt sind [...][2]

Platons Schüler Aristoteles bezweifelte, dass ein solches kommunistisches Utopia sozialen Frieden schaffen würde, was sich schon daran zeige, dass Menschen, die Dinge in Gemeinbesitz hielten, eher zu Streit neigten als solche, die sie in privatem Besitz hielten. Außerdem, argumentierte Aristoteles weiter, liege die Ursache für soziale Zwietracht nicht im materiellen Besitz begründet, sondern in der Sehnsucht danach: »Es ist also offenbar besser, dass der Besitz Privateigentum bleibt, aber durch die Benutzung gemeinsam wird. [...] Es ist auch mit Worten nicht zu sagen, welche eigenartige Befriedigung es gewährt, wenn man etwas sein Eigen nennen kann.«[3]

Einer ebenso weit verbreiteten wie falschen Ansicht zufolge stellen der Sozialismus und der Kommunismus lediglich moderne, säkulare Spielarten des Christentums dar. Der Unterschied, merkte bereits im 19. Jahrhundert der russische Religionsphilosoph Wladimir Solowjew an, liege darin, dass Jesus seine Anhänger aufgefordert habe, ihren Besitz aufzugeben, die Sozialisten und Kommunisten dagegen den Besitz anderer Menschen verteilen wollten. Darüber hinaus forderte Jesus niemals zu einem Leben in Armut auf, sondern empfahl es lediglich als hilfreich auf dem Weg zur Erlösung. Das bekannte Sprichwort des Paulus über das Geld wird gemeinhin falsch zitiert: Paulus sagte nicht, dass »Geld die Wurzel allen Übels« ist, sondern die »*Liebe* zum Geld« – mit anderen Worten, die Habgier. Und auf die rhetorische Frage, »Ist also Gold nicht gut?«, erwiderte Augustinus: »Doch, Gold ist gut. Aber Böses tun mit dem guten Golde die Bösen, Gutes tun mit dem guten Golde die Guten.«[4]

Die Kirchenväter und späteren katholischen Theologen hatten einen pragmatischen Eigentumsbegriff. Laut Augustinus konnte es eine Welt ohne Eigentum nur im Paradies geben, in jenem Goldenen Zeitalter, das die Menschheit mit der Erbsünde verspielt hatte. Angesichts der Unzulänglichkeit des Menschen sei Eigentum moralisch vertretbar, vorausgesetzt, es wird weise und für mildtätige Zwecke verwendet. Die katholische Kirche predigte keineswegs ein Leben in Armut, sie verstieß und verfolgte manchmal sogar jene, die das taten. Die Gründer des Protestantismus, und unter ihnen vor allem Calvin, betrachteten Reichtum als ein positives Gut und ein Zeichen der göttlichen Gnade.

Dessen ungeachtet blieb das Ideal des Goldenen Zeitalters im europäischen Bewusstsein präsent. Die frühen Seefahrer trieb nicht nur die Suche nach Eldorado und anderen mythologischen Orten in die Ferne, wo es Gold im Überfluss geben sollte, sondern auch die Sehnsucht, die Inseln des irdischen Paradieses zu finden, von denen im mittelalterlichen Europa zirkulierende Legenden berichteten. Ebendieses Paradies auf Erden glaubten die ersten Europäer, die in der Neuen Welt landeten, gefunden zu haben, als sie von nackten Eingeborenen begrüßt wurden: War nicht der Mangel an Schamgefühl das besondere Merkmal des Lebens vor dem Sündenfall? Und wenn diese Menschen tatsächlich im Paradies lebten, so bedeutete dies, dass sie auch kein Eigentum kannten. So berichtete Kolumbus bei seiner Rückkehr, dass die Eingeborenen »ohne Arg« sind und »niemals etwas verweigern, was sich in ihrem Besitze befindet, so es von ihnen erbeten wird; im Gegenteil, sie bieten es von sich aus an«. Ob sie Privateigentum kannten oder nicht, dessen war er sich zwar nicht sicher, aber »an dem, was einer hat«, merkte er an, »haben alle teil, besonders an den essbaren Dingen«.

Diese ersten, naiven Eindrücke wichen zwar bald einer realistischeren Einschätzung der amerikanischen Indianer, hatten aber zu dem Zeitpunkt bereits eine utopische Literatur hervorgebracht, die seitdem einen festen Platz im westlichen Denken einnimmt.* Thomas Morus' archetypisches Utopia, das er in einem 1516 unter demselben Titel publizierten Buch entwarf, war nach Überzeugung mancher Wissenschaftler von den Reiseberichten Kolumbus' und anderer früher Forschungsreisender inspiriert. Ganz im Gegensatz zu dem Ort der Glückseligkeit, den wir heutzutage mit dem Begriff *Utopia* assoziieren, war Morus' Utopia eine asketische, strikt reglementierte Gemeinschaft, deren Bürger einheitliche Gewänder trugen und in identischen Häusern lebten und in der auf die private Diskussion öffentlicher Angelegenheiten die Todesstrafe stand. Geld exis-

* Insofern die Vorstellung einer Gesellschaft ohne Privateigentum den Kern so gut wie aller Utopia-Entwürfe ausmacht, konnte ein solches Ideal nur in Gesellschaften entstehen, in denen das Prinzip des Privateigentums dominierte, das heißt bis in die jüngste Vergangenheit hinein in Europa beziehungsweise in von Europäern besiedelten Regionen.

tierte nicht, und aus Gold und Silber wurde Nachtgeschirr gefertigt. Alle nachfolgenden Utopia-Modelle entwarfen wie schon das von Morus eine Gesellschaft, die kein Privateigentum kannte und in denen sich das Individuum dem Diktat der Gemeinschaft beugen musste: Sowohl in der Theorie als auch in der Praxis stand Utopia für die Unterordnung des Individuums unter die Autorität der Gemeinschaft, die ihn zwingt, Dinge zu tun, die es aus seinem eigenen, freien Willen heraus nicht tun würde.

An diesem Punkt ist ein Hinweis angebracht: Das Ideal eines Goldenen Zeitalters ohne Privateigentum ist ein Mythos, eine Frucht der Sehnsucht, keine Erinnerung an eine vergangene Realität. Historiker, Archäologen und Anthropologen stimmen darin überein, dass zu keiner Zeit eine Gesellschaft existierte, in der sämtliche Produktionsmittel in Kollektivbesitz gehalten wurden. Alle Lebewesen, vom primitivsten bis zum am höchsten entwickelten, sind für ihr Überleben auf gesicherten Zugang zu Nahrungsmitteln angewiesen und erheben zur Gewährleistung dieses Zugangs in der einen oder anderen Form Besitzansprüche auf ein Territorium. Auch in den vielen Jahrtausenden vor der Sesshaftwerdung und dem Beginn der Landwirtschaft, in denen die Menschen hauptsächlich als Jäger und Sammler lebten, sicherten sich die Verwandtschaftsgruppen die Kontrolle über ihren Lebensraum; Eindringlinge wurden verjagt oder getötet. Da die Kultivierung des Bodens eine anstrengende Arbeit ist und Feldfrüchte Zeit zur Reife benötigen, gewann mit dem Übergang zur Landwirtschaft vor rund 10 000 Jahren der Besitz an Land weiter an Bedeutung.

In den ältesten bekannten Zivilisationen – im Ägypten der Pharaonen und in Mesopotamien vor rund 5000 Jahren – gehörte das Kulturland den Palästen und Tempeln. Die ersten gesicherten Belege für privaten Landbesitz stammen aus dem alten Israel. So droht der Gott des Alten Testaments jeden mit einem Fluch zu belegen, der Hand an das Land seines Nachbarn legt (»Verflucht sei, wer seines Nachbarn Grenze verengert«, 5. Buch Mose, 27:17), und in mehreren anderen Büchern der Bibel ist von Familien und Einzelpersonen die Rede, die Eigentum an Land und Weideflächen hatten. Allerdings unterlag Landeigentum im alten Israel zahlreichen religiösen Gesetzen und Restriktionen. Im antiken Griechenland dagegen befanden sich die landwirtschaftlichen Nutzflächen von den frühesten Anfängen an in privatem Besitz. Mit anderen Worten, es gibt keine Belege dafür, dass irgendwann in der Geschichte der Menschheit, nicht einmal in der am weitesten zurückliegenden Vergangenheit, Gesellschaften existierten, die weder »Grenzpflöcke und Zäune« noch »Mein« und »Dein« kannten.

Die Denker der Aufklärung leisteten mit ihrer Deutung der menschlichen Natur einen wichtigen Beitrag zur sozialistischen und kommunistischen Theorie. Traditionell herrschte im westlichen Denken die Auffassung vor, dass der Mensch aus einem Körper und einer Seele besteht, geformt und ihm gegeben von Gott, dem Schöpfer, wobei die Seele bei der Geburt gleichsam mit Vorstellungen und Werten gefüllt wurde. Dies war eine zutiefst konservative Sichtweise, weil sie die Unveränderlichkeit der menschlichen Natur postulierte: So, wie die menschliche Natur ist, wird sie immer sein. Anders gesagt: Wenn der Mensch nach Eigentum strebt, so wird er immer nach Eigentum streben.

Diese Prämisse wurde zum ersten Mal durch den englischen Philosophen John Locke in Frage gestellt, der in seinem *Versuch über den menschlichen Verstand* (1690) die Existenz »angeborener Ideen« verneinte. Stattdessen ging Locke davon aus, dass der Geist (die Seele) bei der Geburt ein leeres Gefäß ist und alle Ideen und Werte aus der äußeren Sinneswahrnehmung herrühren. Diese Theorie geht von der Annahme aus, dass die menschliche Natur formbar ist, nicht konstant, und der Mensch demnach so beeinflusst werden kann, dass seine natürliche Tugendhaftigkeit – die die französischen Philosophen für gegeben nahmen – über die Selbstsucht triumphiert. Ende des 18. Jahrhunderts machte der französische Denker Claude-Adrien Helvétius das Implizite zum Expliziten, indem er argumentierte, dass angemessene Unterweisung und Legislation den Menschen nicht nur zur Erlangung der absoluten Tugendhaftigkeit befähigen, sondern ihn nachgerade dazu zwingen würden. Diese höchst zweifelhafte psychologische Theorie wurde zum gemeinsamen Erbe von Liberalismus, Sozialismus und Kommunismus, welche zur Erreichung ihrer jeweiligen Ziele unisono – wenn auch in unterschiedlichem Ausmaße – auf Anleitung und/oder Zwang setzten. In gewisser Hinsicht stellte der von Lenin im November 1917 in Russland errichtete kommunistische Staat ein grandioses Experiment in Sachen öffentlicher Erziehung dar, das auf der Grundlage des von Helvétius entwickelten Modells versuchte, einen vollkommen neuen, von allen Übeln einschließlich dem vom Besitzstreben freien Menschen zu erschaffen.

Mit der Forderung, das Privateigentum abzuschaffen, da es die Ursache aller bekannten Übel sei, welche die Menschheit befallen, waren die radikalen französischen Denker des 18. Jahrhunderts die Ersten, die ein kommunistisches Programm vertraten. So schrieb beispielsweise Morelly, Autor der 1755 veröffentlichten und überaus einflussreichen Abhandlung *Le Code de la Nature*:

> Das einzige Laster, welches ich in der Welt kenne, ist der Geiz; alle die andern, welchen Namen man ihnen gebe, sind nur Töne grade desselben. [...] Analysiert die Eitelkeit, die Albernheit, die Hoffart, die Schurkerei, die Heuchelei, die Verruchtheit; legt ebenso die meisten unserer sophistischen Tugenden auseinander – alles dieses löst sich in dieses feine und verderbliche Element, *die Habsucht*, auf.[5]

In dieser ökonomisch determinierten Psychologie wurzelt jede sozialistische und kommunistische Doktrin.

Bis Mitte des 19. Jahrhunderts war das Gleichheitsideal eine Forderung, die gelegentlich zwar zu sozialer Gewalt führte, der es aber sowohl an einem theoretischen Unterbau wie einem strategischen Plan fehlte. Im England des 17. Jahrhunderts etwa rief Gerard Winstanley, der Führer einer radikalen Vereinigung, seine »Diggers« genannten Anhänger dazu auf, die Allmenden zu besetzen und in Ackerland umzuwandeln. Darüber hinaus entwickelte er eine Art kommunistischer Doktrin, die den Handel mit Land oder seinen Erzeugnissen verdammte. Während der Französischen Revolution eineinhalb Jahrhunderte später organisierte der französische Radikale François-Noël Babeuf eine »Verschwörung für die Gleichheit«, deren Anliegen die Sozialisierung allen Eigentums war. Allerdings verfügten weder Winstanley noch Babeuf über eine Doktrin, welche dargelegt hätte, wie sich die von ihnen angestrebte soziale Revolution in der Praxis umsetzen ließe. Dasselbe galt für die im frühen 19. Jahrhundert wirkenden sozialistischen Idealisten, wie beispielsweise Comte de Saint-Simon und Charles Fourier, die darauf hofften, die Reichen davon überzeugen zu können, aus freien Stücken auf ihren Reichtum zu verzichten.

In der Neuen Welt gab es immer wieder Versuche, kommunistische Gesellschaften zu erschaffen. Eine davon war die Virginia Company in Jamestown (1607), eine andere die 1825 von dem britischen Philanthropen Robert Owen in Indiana gegründete New Harmony. Dass diese Projekte früher oder später ausnahmslos scheiterten, lag zum größten Teil an ihrer Unfähigkeit, das Problem der »free riders«, der »Trittbrettfahrer«, zu lösen, also jener Mitglieder der Gemeinschaft, die zwar den vollen Nutzen aus der Gemeinschaft ziehen, dazu aber, wenn überhaupt, nur wenig beitragen.

Der Beitrag von Karl Marx und Friedrich Engels zum Sozialismus bestand darin, eine Theorie zu formulieren, die ihrem Anspruch nach darlegte, warum gesellschaftliche Gleichheit nicht nur erstrebenswert und realisierbar, sondern sogar unausweichlich war. Um ihrer These mehr Nachdruck zu verleihen, bedienten sie sich der Naturwissenschaft entlehnter Methoden, die im 19. Jahrhundert überaus populär geworden war.

Marx und Engels entwarfen eine Doktrin des »wissenschaftlichen Sozialismus«, der zufolge das Ideal einer besitzlosen, egalitären Gesellschaft nicht nur *wünschenswert*, sondern als Konsequenz der natürlichen ökonomischen Evolution *zwangsläufig* ist. Das marxistische Konzept der gesellschaftlichen Evolution entstand unter dem Einfluss der von Darwin 1859 in seinem Hauptwerk *Die Entstehung der Arten durch natürliche Zuchtwahl* formulierten Evolutionstheorie. Darwin stellte die Entstehung biologischer Spezies als Folge eines Prozesses der natürlichen Selektion dar, der ihre Überlebenschancen in einer feindlichen Umwelt erhöhte. Diese Theorie wurde schnell auch auf die Verhaltensforschung übertragen und führte zur Entstehung einer »evolutionären Soziologie«, welche die Geschichte als eine »stufenweise« ablaufende Entwicklung von niederen zu höheren gesellschaftlichen Organisationsformen interpretierte. So groß war Darwins Einfluss auf Marx, dass Engels beim Begräbnis seines Freundes sagte: »Charles Darwin entdeckte das Gesetz der Entwicklung der organischen Natur auf unserem Planeten. Marx ist der Entdecker jenes grundlegenden Gesetzes, das den Gang und die Entwicklung der menschlichen Geschichte bestimmt.«

Auf der Basis eines evolutionären Denkens fand das Element der Zwangsläufigkeit Eingang in die sozialistische Theorie. Laut dem »wissenschaftlichen Sozialismus« kann der Mensch durch seine Handlungen die gesellschaftliche Evolution in gewissem Maße zwar abbremsen oder beschleunigen, ihre von objektiven Faktoren bedingte Richtung jedoch nicht verändern. Demnach muss – aus Gründen, die weiter unten genannt werden – der Kapitalismus auf Dauer notwendigerweise dem Sozialismus weichen. Die emotionale Wirkung dieser Lehre gleicht der von Religionen, insofern sie ihren Anhängern die unerschütterliche Überzeugung verleiht, dass, gleichgültig, wie viele Rückschläge sie auch erleiden, ihre Sache am Ende triumphieren muss. Da dieser »wissenschaftliche Sozialismus« versprach, das spontane und ungeordnete Leben durch eine rationale Ordnung zu ersetzen, die auszulegen und zu vermitteln die Aufgabe der Intellektuellen wäre, übte diese Lehre eine besondere Anziehungskraft auf Intellektuelle aus. Oder, wie Marx es in einem berühmt gewordenen Diktum ausdrückte: »Die Philosophen haben die Welt nur verschieden *interpretiert*; es kommt aber darauf an, sie zu *verändern*.«[6] Und wer wäre besser geeignet, sie zum Besseren zu »ändern«, als die Intellektuellen?

Trotz seiner formalen Verpflichtung auf die wissenschaftliche Methode verstieß der Marxismus gegen ihr elementarstes Kriterium, das heißt Offenheit und die Bereitschaft, die Theorie neuen Fakten anzupassen. (Bertrand Russell bezeichnete den aus dem Marxismus entstandenen Bolschewismus als eine »Religion« und warf ihm eine »militante Sicherheit in Bezug auf objektiv zweifelhafte Angelegenheiten« vor.) Der Marxismus war eine rigide Doktrin, die andere Sichtweisen als irrelevant abtat, und Marx machte auch keinen Hehl aus seiner Einstellung gegenüber denjenigen, die anderen Ansichten anhingen. Über das Mittel der Kritik schrieb er einmal: »Sie ist kein anatomisches Messer, sie ist eine Waffe. Ihr Gegenstand ist ihr *Feind*, den sie nicht widerlegen, sondern *vernichten* will.«[7] Der Marxismus war demnach ein Dogma, das sich als Wissenschaft maskierte.

Allerdings war die Adaption des Marxismus an die wissenschaftliche Kultur nur einer der für seine Anziehungskraft verantwortlichen Faktoren. Der andere hing mit den damaligen Veränderungen der sozialen Bedingungen zusammen. Bis zur industriellen Revolution war die Landwirtschaft die Grundlage so gut wie aller Volkswirtschaften der Erde, und beispielsweise lebten zwischen 80 und 90 Prozent der Europäer und Nordamerikaner auf und vom Land: Die Wohlhabenden zogen ihren Reichtum aus dem Land und der Pacht, die sie dafür erhielten. Natürlich wurden neben der Landwirtschaft auch seit Menschengedenken Handel und Handwerk betrieben; doch spielten sie in der Gesamtwirtschaft nur eine marginale Rolle. Der Boden war die hauptsächliche Einkommensquelle, und eben aus diesem Grund konzentrierten sich die meisten egalitären Bewegungen auch auf die Abschaffung des privaten Grundeigentums.

Mit dem Aufkommen der mechanischen Massenfertigung verschob sich diese Gewichtung. Nach und nach ersetzten die Einnahmen aus Industrie und Handel die Einnahmen aus der

Landpacht als hauptsächliche Einkommensquelle. Zugleich erzeugte diese Entwicklung durch den rapiden Verfall der Produktionskosten eine neue Form der Armut: Traditionelle Formen der manuellen Fertigung kleiner Stückzahlen wurden obsolet, und viele Handwerker verloren ihr Auskommen.

Die Industrialisierung löste nicht nur schmerzhafte soziale Verschiebungen aus, sie veränderte auch die traditionellen Beziehungen zwischen Arbeitgeber und Arbeitnehmer fundamental und dauerhaft. Grundbesitzer und Pächter waren Nachbarn und in gewisser Hinsicht auch Partner gewesen. Auch wenn die Pächter hin und wieder, wie zum Beispiel in Folge der Enclosure Acts in England (welche die Abgrenzung von privatem und Gemeindeland verfügten), in Massen vertrieben wurden, war das soziale Gefüge auf dem Land im Großen und Ganzen doch stabil, insbesondere in Ländern wie den Vereinigten Staaten, in denen die meisten Bauern den Boden besaßen, den sie bearbeiteten.

Da die Eigentümer der Manufakturen wenig Skrupel hatten, bei sinkender Nachfrage Arbeiter zu entlassen, schwächten sich die Beziehungen zwischen Arbeitgebern und Arbeitnehmern in den industriellen Gesellschaften ab und wurden instabiler. Zugleich wurden die Unterschiede im Lebensstil – die Neureichen protzten mit ihrem Wohlstand – immer offenkundiger.

Diese Entwicklungen führten zu einer wachsenden Feindseligkeit gegenüber dem »Kapitalismus«. Dadurch gewann der Sozialismus, bis dahin ein Ideal, das vor allem die Intellektuellen angesprochen hatte, über das von Marx und Engels formulierte theoretische Fundament hinaus eine soziale Basis in bestimmten Segmenten der Arbeiterklasse.

Die gesammelten Werke von Marx und Engels füllen Dutzende von Bänden. Allein *Das Kapital* umfasst weit über 1000 eng beschriebene Seiten dichter, technischer Sprache. Nur wenige haben sich jemals ganz durch dieses hoch komplexe Werk hindurchgekämpft, und so mag man sich fragen, woher sein enormer Einfluss kommt. Die Antwort lautet, dass sich die fundamentalen Prinzipien des »wissenschaftlichen Sozialismus« auf eine Reihe vergleichsweise einfacher Thesen reduzieren lassen.

In der Rede anlässlich Marx' Begräbnis beschrieb Engels das von seinem Freund angeblich entdeckte »Gesetz der menschlichen Geschichte« mit folgenden Worten:

> Die Menschen [müssen] vor allen Dingen zuerst essen, trinken, wohnen und sich kleiden [...], ehe sie Politik, Wissenschaft, Kunst, Religion usw. treiben können; dass also die Produktion der unmittelbaren materiellen Lebensmittel und damit die jedesmalige ökonomische Entwicklungsstufe eines Volkes oder eines Zeitabschnitts die Grundlage bildet, aus der sich die Staatseinrichtungen, die Rechtsanschauungen, die Kunst und selbst die religiösen Vorstellungen der betreffenden Menschen entwickelt haben und aus der sie daher auch erklärt werden müssen – nicht, wie bisher geschehen, umgekehrt.[8]

Kurz gesagt, das Ökonomische ist die Grundlage des organisierten Lebens; alles andere ist »Überbau«.

Auf dieser Prämisse aufbauend, entwickelten Marx und Engels eine Theorie der sozialen Evolution, laut deren zentralem Postulat die Kontrolle über die Produktionsmittel zur Entstehung von sozialen »Klassen« führt. Ursprünglich gab es keinen Privatbesitz an den Produktionsmitteln: Alles Land befand sich in Gemeinbesitz. Mit der Zeit jedoch wich diese »primitive gemeinschaftliche« Ordnung einer in Klassen organisierten Gesellschaft, als es einer Gruppe gelang, die vitalen Ressourcen zu monopolisieren und ihre ökonomische Macht zur Beherrschung und Ausbeutung der restlichen Bevölkerung einzusetzen, indem sie politische und juristische Institutionen zum Schutz ihrer Klasseninteressen errichtete. Zum selben Zweck benutzte diese herrschende Klasse den kulturellen Sektor – also Religion, Ethik, die Künste und die Literatur. Diese Instrumente und Institutionen ermöglichten es der herrschenden Klasse, den Rest der Bevölkerung auszubeuten.

Natürlich nehmen die niederen Klassen ihre Ausbeutung nicht widerspruchslos hin und setzen sich zur Wehr. Doch solange das Privateigentum nicht abgeschafft ist, erreichen sie dadurch nur, dass eine Form der Ausbeutung durch eine andere ersetzt wird. Aus diesem Grund, so das *Kommunistische Manifest*, war die Geschichte aller Gesellschaften bis dato die Geschichte des Klassenkampfes.

Solcherart Reflexionen über die Vergangenheit dienten Marx lediglich als Präludium für sein eigentliches Anliegen, die Analyse der zeitgenössischen »kapitalistischen« Welt. Er verwandte viele Jahre auf das Studium der ökonomischen Geschichte Englands, um nachzuweisen, dass der »Kapitalismus« das letzte Stadium der Klassengesellschaft und als Folge der Revolution der ausgebeuteten Industriearbeiter zum Zusammenbruch verdammt ist. Diese Revolution der Arbeiter sollte zugleich auch die letzte aller Revolutionen sein, da mit ihr der Übergang in eine klassenlose Gesellschaft vollzogen und das Ende der Geschichte erreicht wäre.

Das kapitalistische System basiert auf der Ausbeutung der

Lohnarbeit, insofern der Kapitalist den »Mehrwert« dessen abschöpft, was der Arbeiter produziert. Laut Engels war das Konzept des »Mehrwerts« der zweite große Beitrag Marx' zum Verständnis der menschlichen Gesellschaft. Allein durch Arbeit entsteht Wert. Im kapitalistischen System jedoch bezahlt der Eigentümer seinen Arbeitern nur einen Bruchteil des von ihnen erzeugten Wertes – gerade genug, um ihnen ein Überleben zu ermöglichen. Die Differenz, den »Überschuss«, steckt er in die eigene Tasche.

Im Laufe der Evolution des kapitalistischen Produktionssystems sinken sowohl die vom Kapitalisten erwirtschaftete Rentabilität als auch die Löhne der Arbeiter kontinuierlich. Dies ist der Fall, weil in einer von Konkurrenz geprägten Welt der Kapitalist immer mehr Kapital in Ausrüstung, Rohstoffe und dergleichen investieren und parallel dazu die Arbeitslöhne senken muss, aus denen er seine Gewinne bezieht. Da Arbeit also immer billiger wird, sinken die Löhne und mit den Löhnen auch der Lebensstandard. Gleichzeitig werden in den auf Grund der Überproduktion periodisch auftretenden Krisen kleinere von größeren Unternehmen geschluckt, was zu einer Konzentration des Reichtums in immer weniger Händen führt. So finden sich der Kapitalist und der Arbeiter im selben Boot wieder: der eine in seiner Existenz bedroht durch ständig wiederkehrende Krisen und die Enteignung durch noch »größere« Kapitalisten, der andere das Opfer der fortschreitenden »Pauperisierung«. Mit der Zeit muss diese Situation unweigerlich in die Revolution münden:

> Mit der beständig abnehmenden Zahl der Kapitalmagnaten […] wächst die Masse des Elends, des Drucks, der Knechtschaft, der Entartung, der Ausbeutung, aber auch

> die Empörung der stets anschwellenden und durch den Mechanismus des kapitalistischen Produktionsprozesses selbst geschulten, vereinten und organisierten Arbeiterklasse. Das Kapitalmonopol wird zur Fessel der Produktionsweise [...] Die Zentralisation der Produktionsmittel und die Vergesellschaftung der Arbeit erreichen einen Punkt, wo sie unverträglich werden mit ihrer kapitalistischen Hülle. Sie wird gesprengt. Die Stunde des kapitalistischen Privateigentums schlägt. Die Expropriateurs werden expropriiert.[9]

Auch Reformen des kapitalistischen Systems können daran nichts ändern: Die sozialistische Revolution ist eine historische Notwendigkeit.

Schlussendlich wird diese sozialistische Revolution zur vollkommenen Freiheit des Menschen führen. Unter »Freiheit« verstanden Marx und Engels allerdings nicht die liberale Freiheit, die auf Bürgerrechten und dem Schutz des Individuums vor dem Staat basiert. »Politische Freiheit«, schrieb Engels, »ist Scheinfreiheit, die schlimmste Art von Sklaverei, der Schein der Freiheit und deshalb die schlimmste Knechtschaft.«[10] Wie Engels wies auch Marx die Freiheit und Bürgerrechte der Liberalen als Betrug zurück, da sie den Menschen zum Sklaven des Materiellen machen, während wirkliche Freiheit den Menschen aus seiner Abhängigkeit vom Materiellen befreit. Was sie damit meinten, erläuterte der marxistische Theoretiker Georg Lukács:

> Denn die »Freiheit« des gegenwärtig lebenden Menschen ist die Freiheit des durch den verdinglichten und verdinglichenden Besitz isolierten Individuums: eine

> Freiheit *gegenüber* den anderen (ebenfalls) isolierten Individuen. Eine Freiheit des Egoismus, des Sichabschließens [...[[11]*

Aus diesem Grund ist die Abschaffung des Eigentums eine Grundvoraussetzung für wirkliche Freiheit. Erst wenn die Menschheit aus der materiellen Abhängigkeit befreit worden ist, kann sie sich voll und ganz selbst verwirklichen. Die Arbeitsteilung, der Fluch der Menschheit, wird abgeschafft und die Menschen werden nach Belieben aus einem Beruf in einen anderen wechseln können. Dazu Marx:

> In der kommunistischen Gesellschaft, wo jeder nicht einen ausschließlichen Kreis der Tätigkeit hat, sondern sich in jedem beliebigen Zweige ausbilden kann, [regelt] die Gesellschaft die allgemeine Produktion [...] und [macht] mir eben dadurch [möglich] [...], heute dies, morgen jenes zu tun, morgens zu jagen, nachmittags zu fischen, abends Viehzucht zu treiben, nach dem Essen zu kritisieren, wie ich gerade Lust habe, ohne je Jäger, Fischer, Hirt oder Kritiker zu werden.[12]

Die von Marx und Engels formulierten Theorien bildeten das Programm der Internationalen Arbeiter-Assoziation, bekann-

* Der Begriff »Verdinglichung« bezeichnet die Vergegenständlichung (Konkretisierung) eines Abstraktums. Laut Ludwig Feuerbach nannte Marx als Beispiel dafür die Neigung des Menschen, alles, was er als gut und erstrebenswert erachtet, auf ein (nach Marx' Auffassung) nicht existentes Wesen zu projizieren, das er als »Gott« bezeichnet. Ein weiteres Beispiel dafür ist, »Die Geschichte wird darüber entscheiden« statt »Die Geschichtsschreiber werden darüber entscheiden« zu schreiben.

ter unter der Bezeichnung »Erste Internationale«, die sie 1864 in London zur Vorbereitung der Arbeiterklasse auf die bevorstehende Krise des Kapitalismus gründeten. Von Anfang an war die Organisation geprägt von heftigen Disputen zwischen Sozialisten und Anarchisten. Obwohl Anarchisten und Sozialisten ein gemeinsames Ziel – eine klassen- und staatenlose Gesellschaft – und eine Gemeinsamkeit in den Mitteln zur Erreichung dieses Ziels – gewaltsame Revolution – verband, unterschieden sie sich in drei wichtigen Punkten. Für die Anarchisten lag das revolutionäre Potenzial nicht in der industriellen Arbeiterklasse, sondern in der landlosen Landbevölkerung und bei den Arbeitslosen. Zweitens gingen die Sozialisten von einer Zwischenstufe (gelegentlich als die »Diktatur des Proletariats« bezeichnet) zwischen dem kollabierenden Kapitalismus und dem triumphierenden Kommunismus aus, in der die neue herrschende Klasse die Zwangsmittel des Staates zur Enteignung der Bourgeoisie und Nationalisierung der Produktivmittel benutzt. Die Anarchisten dagegen lehnten den Staat in allen seinen Erscheinungsformen ab und warnten, dass die »proletarische Diktatur« ein neues Instrument der Unterdrückung bilden würde, beherrscht und zum eigenen Vorteil benutzt nicht von den Kapitalisten, sondern diesmal von den Intellektuellen. Und während die Marxisten darauf vertrauten, dass die natürliche Entwicklung der kapitalistischen Ökonomie zwangsläufig zur Revolution führte, riefen die Anarchisten zur »direkten Aktion« auf, das heißt zum sofortigen Angriff auf das bestehende System.

Die Geschichte sollte den Anarchisten in allen drei Punkten Recht geben: Nicht in Industrieländern brachen die vom Marxismus vorhergesagten sozialen Revolutionen aus, sondern in Agrarländern. Die »Diktatur des Proletariats« verwandelte den kommunistischen Staat in der Tat in eine permanente Diktatur der Nichtproletarier über die Arbeiter und Bauern. Und die bolschewistische Revolution 1917 in Russland war die Folge eines direkten Angriffs auf die Regierung eines Landes, in dem sich der Kapitalismus noch im Frühstadium seiner Entwicklung befand.

Demnach erwies sich – wie bereits zu Marx' Lebzeiten immer deutlicher erkennbar und nach seinem Tod vollends unbestreitbar wurde – praktisch jede einzelne seiner Prognosen als falsch.

Während der Kapitalismus in der Tat periodisch in Krisen stürzte, blieb die absolute, im gesellschaftlichen Zusammenbruch mündende Krise aus. Zum Teil auf Grund kartellrechtlicher Gesetze, zum Teil auf Grund technologischer Fortschritte, die kleinen Unternehmern neue Möglichkeiten eröffneten, und zum Teil auf Grund des stetigen Wachstums des Dienstleistungssektors auf Kosten des Produktionssektors schritt die Konsolidierung der Wirtschaft niemals bis zu dem Punkt fort, an dem sie von gigantischen Monopolen beherrscht wurde. Auch die Erfindung von öffentlich gehandelten Aktiengesellschaften trug mit zur breiteren Streuung des Wohlstands bei.

Ebenso wenig kam es zu der vorhergesagten Verarmung der Arbeiterklasse. Noch während Marx an *Das Kapital* arbeitete, gab es Anzeichen dafür, dass die Löhne der Arbeiter in England stiegen, Marx entschied sich jedoch, diese Anzeichen zu ignorieren. Aber wichtiger war noch die Einführung staatlicher Wohlfahrtsprogramme: Aufgeschreckt von den Erfolgen der Sozialisten bei der Organisation der Arbeiter und den beginnenden Erfolgen bei den Parlamentswahlen, führten die industriellen Demokratien Sozialleistungen wie Arbeitslosen- und Krankenversicherungen und andere soziale Hilfsprogramme ein, die

die Arbeiterklasse vor dem schlimmsten Elend bewahren sollten. Das erste Land, das Schritte in dieser Richtung unternahm, war Deutschland, wo die Sozialdemokratische Partei besonders stark war und die Gefahr bestand, dass sie eine Mehrheit im Parlament errang. Andere Länder auf dem Kontinent folgten dem deutschen Beispiel. Damit gewannen die Arbeiter ein Interesse an der Erhaltung des Status quo und wurden zusehends immun gegen die sozialistischen Aufrufe zur Revolution: Ihr Verhalten widersprach der im *Kommunistischen Manifest* aufgestellten Behauptung, dass »die Arbeiter kein Vaterland« haben. Sie hörten auf, ein »Proletariat« im eigentlichen Sinne des Begriffs zu sein, das heißt eine Klasse, deren einziger Dienst gegenüber dem Staat in der Erzeugung von Kindern besteht *(proles)*. Konsequenterweise zogen die Arbeiter die gewerkschaftlich organisierte Aktivität vor, die die kapitalistische Ordnung akzeptierte und deren Ziel lautete, sich einen größeren Anteil am Profit des Kapitalismus zu sichern. Dadurch wurden sie zu einem Teil eben des Systems, das zu stürzen die Marxisten von ihnen erhofften.

Aus den oben zitierten Gründen blieb in den fortgeschrittenen kapitalistischen Ländern die »zwangsläufige« gesellschaftliche Explosion aus: Soweit es in dem Jahrhundert nach Marx' Tod zu solchen Revolutionen kam, ereigneten sie sich, wie von den Anarchisten vorhergesagt, in so genannten Dritte-Welt-Ländern mit erst im Entstehen begriffenen kapitalistischen Ökonomien, einer großen landlosen oder unter Landmangel leidenden Bauernklasse und gesetzlosen Regimen.

Diese Mängel in der marxistischen Doktrin wären weitgehend vernachlässigbar geblieben, wäre sie ein rein theoretisches Konstrukt gewesen. Doch da es sich dabei auch um ein Aktionsprogramm handelte, fingen – als sich Vorhersagen als irrig erwiesen – zuerst die Sozialisten und anschließend auch die (wiewohl unbeirrt ideologische Orthodoxie für sich reklamierenden) Kommunisten an, die marxistische Theorie zu revidieren. In den westlichen Demokratien führten diese Revisionen im Allgemeinen zu einer Abschwächung des revolutionären Eifers und zu einer Annäherung des Sozialismus an den Liberalismus und so letztlich zur Sozialdemokratie. In Osteuropa und den Ländern der Dritten Welt dagegen führten diese Revisionen eher zu einer stärkeren Betonung der gewaltsamen Elemente, ein Trend, der im Kommunismus mündete. In seiner reinen, unveränderten Form wurde der Marxismus angesichts seiner Unvereinbarkeit mit der Realität nirgendwo als politische Plattform angenommen.

Die Erste Internationale zerbrach 1876, wurde aber 1889 nach Marx' Tod wieder belebt. Unter der Bezeichnung »Zweite Internationale« stellte sie einen Zusammenschluss sozialistischer Parteien (ohne die explizit ausgeschlossenen Anarchisten) aus verschiedenen Ländern dar, der von der deutschen Sozialdemokratischen Partei dominiert wurde. Revolutionär in ihren Losungen und evolutionär in der Praxis, beherrschte die Zweite Internationale die sozialistische Politik bis zum Ausbruch des Ersten Weltkriegs. Ihre offizielle Plattform, das 1891 angenommene, so genannte Erfurter Programm, hielt fest, dass die Interessen des »bourgeoisen« Staates und die der Arbeiterklasse unvereinbar waren. Folglich hatten die Arbeiter kein Interesse an ihrer Nation und galt ihre Loyalität einzig ihrer Klasse. Das Programm betonte weiter die internationale Einheit der Arbeiterklasse und die bevorstehende Revolution, die den Kapitalismus und die Bourgeoisie auf der ganzen Welt hinwegfegen würde.

Nicht alle Sozialisten akzeptierten diese radikale Doktrin. In allen europäischen Ländern erhoben sich Stimmen, die darauf beharrten, dass realistisch betrachtet eine Besserstellung der Arbeiterklasse eher durch politische und ökonomische Reformen als durch gewaltsame Revolutionen erzielt werden konnte. So erklärte beispielsweise der französische Sozialist Jean Jaurès:

> Nicht durch den unvorhergesehenen Stoß politischer Agitation wird das Proletariat zur Macht gelangen, sondern durch die methodische und legale Organisation seiner eigenen Kräfte unter dem Gesetz der Demokratie und des allgemeinen Stimmrechts. Nicht durch den Zusammenbruch der kapitalistischen Bourgeoisie, sondern durch das Erstarken des Proletariats wird die kommunistische Ordnung sich allmählich in unsere Gesellschaft einführen.[13]

Die bedeutendste, diesen Kurs vertretende Gruppe war die englische Fabian Society, zu deren Mitgliedern so bekannte Literaten wie George Bernard Shaw und H. G. Wells zählten. In ihrem Programm rief die Fabian Society dazu auf, das Land zu »überzeugen«, sich durch die Nationalisierung der Industrie vom Kapitalismus zu emanzipieren; wie die Sozialisten vor Marx appellierten die Mitglieder der Gesellschaft an das Bewusstsein der Nation.

Der direkteste Angriff auf die Prämissen und die Agenda des Marxismus wurde von Eduard Bernstein geführt, einem der führenden Köpfe der deutschen Sozialdemokratie und Begründer des sozialistischen »Revisionismus«. Bernstein hatte viele Jahre in England gelebt und war dort mit den Fabiern in Kontakt gekommen. Ende der achtziger Jahre des 19. Jahrhunderts rief er die Sozialdemokraten dazu auf, in Theorie und Programm der Tatsache Rechnung zu tragen, dass weder der Kapitalismus vor dem Kollaps stand, noch die Arbeiterklasse in Not und Elend versank. Bernstein hielt zwar an seinem Glauben an den Sozialismus fest, war aber wie Jaurès überzeugt, dass er als Folge eines friedlichen politischen und sozialen Fortschritts des Kapitalismus entstehen würde, eine Art Konvergenz von Kapitalismus und Sozialismus, wobei Letzterer aus Ersterem hervorgehen würde.

Die Sozialdemokratische Partei Deutschlands, Europas größte und einflussreichste sozialistische Partei, wies Bernsteins revisionistische Theorien zurück und hielt an ihrem revolutionären Erfurter Programm fest. In der Praxis jedoch befolgte sie Bernsteins Empfehlungen, das heißt, sie konzentrierte sich auf die Gewerkschaftsarbeit und die Wahlpolitik. (Formell schwor die SPD dem Marxismus erst 1959 ab.)

Der europäische Sozialismus bewegte sich demnach in seiner Hochphase, dem Vierteljahrhundert vor Ausbruch des Ersten Weltkriegs, in der Praxis, wenn auch nicht immer in der Theorie, vom Mittel der gewaltsamen Revolution zu dem der friedlichen Reform. An dem Glauben an die internationale Solidarität der Arbeiterklasse allerdings hielt er unbeirrt fest. Auch die Zweite Internationale propagierte die Überzeugung, dass die Arbeiter aller Länder Brüder waren und die vornehmliche Verantwortung dafür trugen, vom Kapitalismus angestiftete Kriege zu verhindern, ein Thema, das bei den Kongressen der Internationale häufig auf der Tagesordnung stand. Unterschiedliche Vorschläge wurden gemacht, wie solche Kriege zu verhindern waren und wie man vorgehen müsste, sollte ein solcher Krieg dennoch ausbrechen. In einer auf dem Stuttgarter Kongress 1907 verabschiedeten Resolution (an deren Ausarbeitung zwei führende russische Marxisten, Lenin und L. Martow, mitarbeiteten) wurde dazu aufgerufen, im Falle eines Krieges »die Massen zu mobilisieren und dadurch den Sturz der kapitalistischen Klasse zu beschleunigen« – mit anderen Worten, einen Krieg der Nationen in einen Krieg der Klassen zu verwandeln.

Auf dem nächsten, 1910 abgehaltenen Kongress nahmen die Delegierten ohne Gegenstimme eine Resolution an, in der alle sozialistischen Parlamentarier dazu aufgerufen wurden, gegen Kriegskredite zu stimmen.

Leider erwiesen sich die Sozialisten und ihre Internationale als vollkommen unfähig, den großen europäischen Krieg zu verhindern, der im Sommer des Jahres 1914 ausbrach. Aufrufe zu einem Generalstreik der Arbeiter verhallten ungehört. Schlimmer noch, sowohl die deutschen Sozialdemokraten wie auch die französischen Sozialisten stimmten in völliger Missachtung des Ideals der internationalen Solidarität der Arbeiterklasse für Kriegskredite. Nationale Loyalität triumphierte über Klassenloyalität, ein Umstand, der ehrgeizigen Demagogen wie Adolf Hitler und Benito Mussolini nicht entging, die nach dem Krieg mit ihren Programmen, in denen sie Sozialismus und Nationalismus vermengten, zur Macht aufsteigen sollten.

Dass die Zweite Internationale daran scheiterte, ihre Antikriegsschwüre in die Tat umzusetzen, sollte ihr zum Verhängnis werden. Zwar überlebten die westeuropäischen sozialistischen Parteien den Krieg, doch identifizierten sie sich jetzt zusehends mit ihren jeweiligen Nationen.

Die Sache des sozialistischen Internationalismus verlagerte sich nach dem Ersten Weltkrieg aus Westeuropa zuerst nach Russland und später in andere nichtwestliche Länder.

II. LENINISMUS

Seit Peter der Große 1709 mit seinem Sieg über die Schweden bei Poltawa der Hegemonie der Skandinavier im Baltikum ein Ende setzte, betrachtete sich Russland als Großmacht und wurde als solche gesehen. Fortan beanspruchte Russland einen entsprechenden Platz in der Gemeinschaft der europäischen Nationen.

Dieser Anspruch war zwar gerechtfertigt, jedoch nur bis zu einem gewissen Grad. Die nach dem Vorbild Amsterdams gestaltete russische Hauptstadt St. Petersburg war eine westliche Metropole, und die frankophone Elite des Landes fühlte sich im Westen zu Hause. Verstärkt wurde dieser Eindruck noch durch das Aufblühen der russischen Literatur, Musik, Kunst und Wissenschaft im 19. und frühen 20. Jahrhundert, die der zeitgenössischen europäischen Kultur entsprach und in mancherlei Hinsicht sogar zu ihrer Avantgarde zählte.

Doch diese hohe Kultur spiegelte nur eine dünne Schicht der russischen Gesellschaft wider, bestehend aus dem Adel, dem Bildungsbürgertum und dem hohen Beamtentum. Drei Viertel der Bevölkerung des Zarenreichs entfielen auf den Bauernstand, der im Falle der russischen Bevölkerungsmehrheit in einer eigenen, von der westlichen Zivilisation abgeschlossenen Welt lebte. Die Bauern teilten mit den höheren Ständen, die von ihnen als Ausländer betrachtet wurden, noch nicht einmal eine gemeinsame Sprache. Der Großteil der russischen Bauern bestellte keinen eigenen Boden, sondern lebte in ländlichen Gemeinden, die das Land kollektiv besaßen und die Parzellen der einzelnen Haushalte in regelmäßigen Abständen je nach Größe des Haushalts neu aufteilten. Land war in den Augen der Bauern kein handelbares Gut, sondern Mittel zur Sicherung des Lebensunterhalts, auf das nur diejenigen einen legitimen Anspruch erheben konnten, die es bearbeiteten.

Die Bauern waren konservativ, der Monarchie und der orthodoxen Kirche loyal ergeben. Nur in einer einzigen Hinsicht stellten sie ein potenzielles Rohmaterial für eine Revolution dar: Sie litten unter einem Mangel an Land. Die russischen Bauern waren kein unterdrücktes ländliches Proletariat. 1916, am Vorabend der Revolution, befanden sich 89,1 Prozent des landwirtschaftlich genutzten Landes im europäischen Teil Russlands in ihrem Besitz.[1] Das Problem war, dass die ländliche Bevölkerung schneller zunahm als die verfügbare landwirtschaftliche Nutzfläche: Ein Stück Land, das Mitte des 19. Jahrhunderts noch zwei Menschen ernährt hatte, musste fünfzig Jahre später drei Menschen ernähren. Die von den russischen Bauern benutzten traditionellen Methoden der extensiven Landwirtschaft erbrachten im Verein mit den vorherrschenden schwierigen klimatischen Bedingungen nur geringe Hektarerträge. Die Bauern glaubten fest daran, dass der Zar es angesichts ihrer Not den privaten Eigentümern – Gutsbesitzern wie unabhängigen Bauern gleichermaßen – wegnehmen und an die Gemeinden umverteilen würde. Sollte er dies aber unterlassen – und Anfang des 20. Jahrhunderts gelangten die Bauern zusehends zu der Überzeugung, dass es sich so verhielt –, waren sie bereit, es sich mit Gewalt zu holen. Es gab aber noch weitere Faktoren, die Russland zu einem nichtwestlichen Land machten. Für die längste Zeit seiner Geschichte wurde das Land von einer extremen Form der Autokratie regiert, unter der der Zar nicht nur die unbegrenzte legislative, juristische und exekutive Macht innehatte, sondern im wörtlichen Sinne auch Eigentümer des Landes war, insofern er nach Gutdünken die menschlichen und materiellen Ressourcen für sich in Anspruch nehmen konnte, jene Art von Regime also, die Max Weber als »patrimonial« bezeichnete. Die Verwaltung des Riesenreiches lag in den Händen einer Bürokratie, die zusammen mit der Armee und der Polizei die Ordnung aufrechterhielt, ohne dem Volk gegenüber Rechenschaft schuldig zu sein. Bis 1905, als öffentliche Unruhen und Streiks den Zaren zwangen, seinen Untertanen eine Verfassung und bürgerliche Grundrechte zuzugestehen, konnte jeder Russe allein dafür, laut über Veränderungen des Status quo nachzudenken, ohne Verhandlung verhaftet und ins Exil geschickt werden.

Privates Eigentum an Land – und zwar ausschließlich in Händen des Adels – hielt erst Ende des 18. Jahrhunderts Einzug in Russland; bis dahin hatte alles Land der Krone gehört. Im Westen dagegen befand sich der Großteil des Landes seit dem Mittelalter in Privatbesitz. Auch juristische Institutionen, die sich für gewöhnlich Hand in Hand mit den Eigentumsrechten entwickeln, bildeten sich erst relativ spät aus: Die ersten Gesetzbücher datieren auf die dreißiger Jahre des 19. Jahrhunderts zurück, die ersten Gerichte, die diesen Namen auch verdienen, existierten erst dreißig Jahre später. Bis zu dieser Zeit hatte die große Mehrheit der Russen, Leibeigene der Krone oder des Adels, keinerlei juristische oder Eigentumsrechte. Die ersten repräsentativen Institutionen, die die Allmacht der Krone beschränkten, entstanden nach der Revolution von 1906 – Jahrhunderte, nachdem die ersten europäischen Parlamente gegründet worden waren. Eine Sozialgesetzgebung gab es nicht. Dieses historische Vermächtnis bedeutete, dass die Mehrheit der Russen und der Menschen in den von ihnen eroberten Ländern keine Verpflichtung ihrer Regierung gegenüber empfanden. Sie gehorchten, weil ihnen keine andere Wahl blieb; ihr Ideal jedoch war die Anarchie.

Während die Zaren das Reich mit eiserner Hand regierten, waren sie doch auch darauf bedacht, Russlands Großmachtstatus nicht zu gefährden, und unternahmen zu diesem Zwecke Schritte, mit denen sie unfreiwilligerweise ihre eigene Autorität untergruben. Eine dieser Maßnahmen war die Einrichtung und Förderung von Universitäten, die durch die Verbreitung von Wissen und der Lehre des kritischen Denkens eine Schicht von Bildungsbürgern schufen, die die herrschenden Beschränkungen der freien Rede als unerträglich empfanden. Alexander Herzen, ein Mitte des 19. Jahrhunderts aktiver russischer Radikaler, fasste das Dilemma, dem seine Generation gegenüberstand, in folgende Worte: »Sie geben uns eine umfassende Bildung, sie erwecken in uns die Bedürfnisse, die Sehnsüchte, die Leiden der zeitgenössischen Welt, und dann schreien sie: ›Bleibt Sklaven, stumm und passiv, sonst werdet ihr vernichtet.‹«

Diese inkonsistente Politik des Staates förderte die Entstehung einer Bildungsschicht, deren definierende Qualitäten die Opposition gegenüber der Gesamtheit der bestehenden politischen und sozialen Ordnung sowie die Überzeugung waren, mit dieser Opposition für die schweigende Mehrheit der Bevölkerung zu sprechen. Nicht die Dörfer und Fabriken Russlands stellten die Rekrutierungsgründe für Revolutionäre, angefangen von gewaltlosen »Propagandisten« bis hin zu den radikalsten Terroristen, sondern die russischen Universitäten.

Die andere Maßnahme, durch die der Zarismus seine eigene Autorität untergrub, war die Förderung des Kapitalismus. Im Krimkrieg von 1854/1855 musste sich Russland auf eigenem Boden den westlichen Industriedemokratien geschlagen geben. Diese Demütigung zeigte unmissverständlich auf, dass in der modernen Welt kein Land ohne einen bedeutenden Industrie- und Transportsektor Großmachtstatus für sich in Anspruch nehmen konnte. Die Niederlage im Krimkrieg bewog die Krone dazu, mit Hilfe einheimischen und ausländischen Kapitals aktiv den Ausbau der nationalen Industrie zu betreiben. Das führte allerdings auch zur Entstehung von Machtzentren, die unabhängig von der Regierung und der Bürokratie Entscheidungen fällten.

Unter dem Strich schwächten die – zur Befriedigung des Großmachtstrebens Russlands unerlässlichen – Fortschritte im Bildungsbereich und bei der Industrialisierung die absolute Macht des Zarentums.

Diese Faktoren helfen mit zu erklären, warum die kommunistische Revolution, die laut Marx in den Ländern des industrialisierten Westens bevorstand, tatsächlich im ländlichen Osten Europas ausbrach. Russland fehlten die einer sozialen Revolution vorbeugenden Eigenschaften; Eigenschaften, welche in den westlichen Industrieländern gegeben waren: Achtung der Gesetze und des Eigentums sowie ein Gefühl der Loyalität gegenüber einem Staat, der die bürgerlichen Freiheiten beschützte und soziale Dienstleistungen bereitstellte. Die von einem utopischen Idealismus geprägte radikale russische Intelligenzija auf der einen und das auf die Aneignung privaten Landes erpichte Bauerntum auf der anderen Seite sorgten für einen Zustand der permanenten sozialen Spannung, die jederzeit ausbrechen konnte, sollte die Zentralregierung aus irgendeinem Grund in Schwierigkeiten geraten. Für die kommunistische Revolution in Russland spielte keiner der von Marx und Engels postulierten ökonomischen Imperative eine Rolle.

Die Faktoren, die Russland so anfällig für eine soziale Revolution machten, bestimmten auch die Form seines späteren kommunistischen Regimes. In einem Land, dem die Traditionen fehlten, welche zu dem Ideal eines selbsterfüllten Lebens führen sollten, das Marx entworfen hatte, nahm der der Gesellschaft aufgezwungene Sozialismus binnen kürzester Zeit und ganz spontan die schlimmsten Eigenschaften des gestürzten zaristischen Regimes an. Die sozialistischen Losungen, die im Westen so weit verwässert wurden, bis sie sich praktisch nicht mehr von denen der Liberalen unterschieden, wurden in Russland und anderen nichtwestlichen Ländern in den gebräuchlichen Begriffen so uminterpretiert, dass sie die unbeschränkte Macht des Staates über seine Bürger und ihren Besitz propagierten. Der sowjetische Totalitarismus, könnte man sagen, erwuchs aus den marxistischen Samen, die in den Boden des zaristischen Patrimonialismus gepflanzt worden waren.

Die revolutionäre Bewegung in Russland entstand in den siebziger Jahren des 19. Jahrhunderts unter dem Einfluss der westlichen sozialistischen und anarchistischen Ideologien, die vor allem unter den Universitätsstudenten Anhänger fanden. Überzeugt, bei den Bauern auf ein offenes Ohr zu stoßen, gingen die Studenten zur Agitation aufs Land, wurden aber in ihren Erwartungen enttäuscht. Wie sich zeigte, waren die Bauern wenig empfänglich für die Kampfaufrufe gegen ihre reichen Nachbarn, die so genannten Kulaken; vielmehr träumten sie davon, selbst Kulaken zu werden. Dazu kam, dass sie immer noch an den Zaren glaubten und daran, dass er den Boden als Privatbesitz an die Gemeinden verteilen würde.

Desillusioniert wendeten sich die meisten jungen Radikalen von der Bewegung ab. Ein kleiner Kern jedoch schloss sich unter der Bezeichnung »Volkswille« zu einer Geheimorganisation zusammen. Um die unerschütterlich scheinende Ehrfurcht des Volkes vor dem Zaren ins Wanken zu bringen, führten die Mitglieder des »Volkswillens« eine Serie von Anschlägen auf Regierungsbeamte aus und organisierten damit eine der ersten politischen Terrorkampagnen der Geschichte. Im März 1881 gelang es ihnen, Alexander II. zu ermorden, den Zaren, der zwanzig Jahre zuvor den russischen Leibeigenen die Freiheit geschenkt hatte. Doch der Tod des Zaren führte nicht, wie die Attentäter erhofft hatten, das Volk zum Aufstand gegen das Regime, sondern stieß auf breite öffentliche Ablehnung und diskreditierte, zumindest für einige Zeit, alle gewaltsamen Umsturzversuche.

Die Sozialdemokratie hielt in den neunziger Jahren des 19. Jahrhunderts Einzug in Russland. Ihre Attraktivität verdankte sie der rasanten Industrialisierung Russlands in dieser Dekade. So entstand der Eindruck, das Land stehe kurz davor, eine vollständige kapitalistische Ökonomie mit allen dazugehörigen, von Marx und Engels in *Das Kapital* beschriebenen sozialen Folgeerscheinungen auszubilden. Die Studentengruppen junger russischer Sozialdemokraten, die zu der Zeit überall an den Universitäten entstanden, lehnten den Terrorismus als wirkungslose Taktik ab, da diese lediglich versuchte, die durch die Evolution der Ökonomie unausweichliche gesellschaftliche Entwicklung vorwegzunehmen. Mit der Zeit – waren die Anhänger der russischen Sozialdemokratie überzeugt – würde das Land die gesamten, dem Kapitalismus inhärenten Widersprüche ausbilden und in dem Ausbruch einer Revolution münden.

Die Russische Sozialdemokratische Arbeiterpartei wurde auf einem 1898 abgehaltenen Geheimtreffen gegründet, das jedoch von der Polizei zerschlagen wurde, die sämtliche Teilnehmer festnahm. In ihrem von Peter Struwe verfassten Manifest verkündeten die russischen Sozialdemokraten, dass Russland seine Freiheit nicht durch die Hände der verschüchterten Bourgeoisie, sondern durch die der Industriearbeiter erlangen würde. Die Befreiung aus der Autokratie wiederum würde dem Sozialismus den Weg ebnen. Diese Prämisse nahm auf gewisse Weise das zentrale Postulat der russischen Sozialdemokratie vorweg: eine in zwei Phasen ablaufende Revolution. In der ersten Phase sollte die zaristische Autokratie zerstört werden und Russland ein demokratisches »bourgeoises« Regime erhalten, in der zweiten Phase sollte dieses Regime gestürzt werden und das Land sich weiter zum Sozialismus entwickeln. Diese Strategie entsprach der von Marx und Engels vertretenen Strategie, die gegen feudale Regime eine taktische Allianz mit den Liberalen favorisierten.

Formell gegründet wurde die Russische Sozialdemokratische Arbeiterpartei auf einem 1903 in London abgehaltenen Kongress, wo sich die Bewegung jedoch sofort in zwei Fraktionen zersplitterte, in die so genannten Menschewiki unter der Führung Martows und die, wie sie sich selbst nannten, »Bolschewiki« unter Lenins Vorsitz. Trotz gelegentlicher Aussöhnungsversuche sollten die beiden Fraktionen nie wieder zusammenkommen, woran vor allem Lenins kompromisslose Feindseligkeit gegenüber allen Sozialisten schuld war, die seinen Führungsanspruch nicht akzeptierten. Da der Begriff »Kommunismus« mit der Zeit weitgehend mit Lenin und seiner Partei assoziiert wurde, erscheint es an dieser Stelle angebracht, einen Moment innezuhalten und sich näher mit diesem Mann zu beschäftigen, der, wie man durchaus sagen kann, einen größeren Einfluss auf die Politik des 20. Jahrhunderts hatte als jede andere Figur des öffentlichen Lebens.

Lenin wurde 1870 in der an der Wolga gelegenen Stadt Simbirsk als Wladimir Iljitsch Uljanow in die Familie eines konservativen und zutiefst orthodoxen Schulinspektors hineingeboren. Der hohe Rang seines Vaters in der offiziellen Hierarchie qualifizierte ihn und seine Kinder für die Zugehörigkeit zum Erbadel. Im späten imperialen Russland war es nicht ungewöhnlich, dass die Kinder hoher Funktionäre, offenbar angetrieben von einem Schuldgefühl wegen ihrer Privilegien, zur Radikalität neigten. Lenins älterer Bruder Alexander wurde 1887 wegen der Beteiligung an einem fehlgeschlagenen Mordkomplott gegen Zar Alexander III. exekutiert. Auch Lenins Schwestern gerieten in Schwierigkeiten und verbrachten einige Zeit im Gefängnis. Lenin selbst dagegen zeigte während seiner Schulzeit keinerlei Interesse an der Politik; er war ein herausragender Schüler, der für seine schulischen Leistungen und sein exemplarisches Verhalten mehrfach mit Goldmedaillen ausgezeichnet wurde.

Erstmals in Schwierigkeiten geriet er 1887 nach Beginn seines Studiums an der Universität von Kasan. Als Teilnehmer einer kleinen Studentenrevolte, die sich gegen die strengen Universitätsvorschriften richtete, geriet er ins Blickfeld der Polizei, wurde als Bruder eines exekutierten Terroristen identifiziert und von der Universität verwiesen, eine Entscheidung, an der auch die wiederholten Anträge seiner inzwischen verwitweten Mutter nichts zu ändern vermochten. Nach seiner Zwangsexmatrikulation verbrachte Lenin die nächsten drei Jahre in erzwungener Tatenlosigkeit. In diesen drei Jahren wuchs seine Erbitterung über das Regime, das seinen belanglosen Verstoß gegen die Universitätsregeln so unnachgiebig bestraft und damit seine Karriere für immer ruiniert hatte. Lenins Hass richtete sich nicht nur gegen den Zarismus, sondern auch gegen die »Bourgeoisie«, die seine Familie für das Verbrechen seines hingerichteten Bruders geächtet hatte. In dieser Zeit verwandelte er sich in einen fanatischen Revolutionär, der darauf aus war, die bestehende soziale und politische Ordnung mit Stumpf und

Stiel auszurotten. Lenins revolutionäre Leidenschaft beruhte nicht auf der Sympathie für die Armen; als 1891/1892 eine Hungersnot in der Wolgaregion ausbrach, sprach er sich als einziger Vertreter der lokalen Intelligenzija gegen humanitäre Hilfeleistungen für die darbenden Bauern aus. Die Hungersnot, argumentierte er, wirke progressiv, da sie die traditionelle bäuerliche Ökonomie zerstöre und damit den Weg für den Sozialismus ebne. Ebenso wenig wurde sein revolutionärer Eifer von der Vision einer gerechteren Zukunft genährt. Vielmehr standen dahinter sein Hass auf das System und der Wunsch nach Vergeltung. Struwe, der in den neunziger Jahren des 19. Jahrhunderts mit Lenin zusammenarbeitete, schrieb viele Jahre später, dass Lenins Persönlichkeit vor allem von Hass geprägt war. Diese Prädisposition eines jungen Russen aus der Provinz sollte einen immensen Einfluss auf die Politik des 20. Jahrhunderts ausüben, deren hauptsächlicher Impuls sich aus der Ablehnung von und Feindseligkeit gegenüber Außenstehenden, gleich ob aus einer anderen sozialen Klasse oder ethnischen oder rassischen Gruppe entstammend, herleitete.

1891 schließlich lenkten die Behörden ein und gestatteten Lenin, als Externer an der juristischen Examensprüfung teilzunehmen, die er auch prompt bestand. Im Anschluss zog Lenin nach St. Petersburg, wo er zum Schein in einer Anwaltskanzlei arbeitete, während er seinen revolutionären Aktivitäten nachging. Die lokalen Sozialdemokraten stuften den Neuankömmling, der sich für den Terror aussprach und der ohne darauf zu warten, bis der Kapitalismus sein Reifestadium erreicht hatte, voller Ungeduld auf eine Revolution drängte, nicht als Marxisten, sondern als einen Gefolgsmann des »Volkswillens« ein. Der Kontakt mit in der Theorie besser geschulten Sozialisten bekehrte Lenin – zumindest eine Zeit lang – zur Idee einer in zwei

Phasen ablaufenden Revolution. Diszipliniert, voller Tatendrang und der sozialistischen Sache vollkommen ergeben, gewann Lenin in der im Untergrund tätigen sozialdemokratischen Bewegung rasch an Bedeutung.

1896 wurde Lenin verhaftet und ins Exil nach Sibirien geschickt, nachdem er Arbeiter zum Streik aufgerufen hatte. Dort lebte er drei Jahre in relativem Wohlstand mit seiner neuen Frau Nadeshda Krupskaja in einem gemieteten Haus, korrespondierte mit Freunden, las, schrieb und übersetzte. Während Lenins Zeit im sibirischen Exil (1897 bis 1900) breitete sich die revisionistische Bewegung in Deutschland aus und griff von dort aus auf Russland über. Lenin verabscheute das antirevolutionäre Programm der Revisionisten; für ihn bedeutete der Revisionismus Verrat an der Sache, die ihn zum Sozialismus hingezogen hatte. Weiter beunruhigten ihn die Hinweise darauf, dass die noch junge russische Arbeiterbewegung, zu der er nur beiläufige persönliche Kontakte unterhielt, mehr auf friedliche Gewerkschaftsaktivitäten zu setzen schien, als den Umsturz des kapitalistischen Systems zu betreiben. Diese Entwicklungen lösten bei Lenin eine tief greifende innere Krise aus. Als er die Krise schließlich überwunden hatte, stand für ihn fest, dass er, sollten die Sozialdemokraten sich nicht auf die revolutionäre Strategie einschwören lassen, mit der Bewegung brechen und eine eigene Partei gründen musste.

Unmittelbar nach seiner Rückkehr aus dem Exil zog Lenin nach Deutschland, wo er gemeinsam mit Martow die Zeitschrift *Iskra* (*Der Funke*) gründete, deren Anliegen es war, die Sache des orthodoxen, antirevisionistischen Marxismus zu propagieren. Das änderte nichts daran, dass seine eigene Auffassung des Marxismus alles andere als orthodox war. Im März 1902 veröffentlichte er *Was tun?*, eine Schrift, in der er die Grundzüge einer Doktrin entwarf, aus der der Bolschewismus hervorgehen sollte. Darin wies er implizit die zentrale marxistische These zurück, dass die Arbeiterklasse im Laufe der Zeit zwangsläufig revolutionär werden würde. Auf sich allein gestellt, argumentierte er, sei die Arbeiterklasse unfähig, über die gewerkschaftliche Stufe hinaus fortzuschreiten. Der revolutionäre Eifer musste ihr von außen, von einer Partei straff organisierter Berufsrevolutionäre eingeimpft werden. Obwohl Lenin dies nirgendwo explizit aussprach, konnten sich diese Berufsrevolutionäre nur aus den Reihen der Intellektuellen rekrutieren, da die Arbeiter weder über die Zeit noch das theoretische Rüstzeug für eine solche Mission verfügten.* Dazu passt, dass in der gesamten Zeit gerade einmal ein einziger Arbeiter im Führungsgremium von Lenins Partei saß, und der war, wie sich später herausstellte, ein Polizeispitzel.

Am Zweiten Parteitag der Russischen Sozialdemokratischen Arbeiterpartei in London 1903 nahm Lenin mit dem festen Entschluss teil, einen Bruch der Partei herbeizuführen und seine Gefolgsleute von der kompromissbereiten Mehrheit abzuspalten. Der offizielle Grund für die Spaltung war Lenins Forderung, dass alle Mitglieder der Partei nicht nur das Parteiprogramm unterstützen, sondern sich darüber hinaus darauf verpflichten mussten, ihre gesamte Zeit revolutionären Aktivitäten zu widmen. Aufgabe der nach militärischem Vorbild mit einer strikten Befehlshierarchie organisierten Partei sollte sein, die Arbeiter zu führen, nicht, von den Arbeitern geführt zu

* Eine ähnliche Einstellung vertrat zu der Zeit Benito Mussolini, der 1919 die Faschistische Partei Italiens gründete, bis zum Ersten Weltkrieg aber Führer des radikalen Flügels der italienischen Sozialdemokratie war.

werden. Nachdem sich Lenin auf dem Kongress eine temporäre Mehrheit gesichert hatte, ließ er seiner Fraktion den Namen »Bolschewiki« (»Mehrheit«) geben. Die von Martow geführte Opposition musste sich mit der Bezeichnung »Menschewiki«, gleichbedeutend mit »Minderheit«, begnügen.

Die nächsten zehn Jahre in der Geschichte der Russischen Sozialdemokratischen Arbeiterpartei waren geprägt von Intrigen und Gezänk. Lenin titulierte seine menschewikischen Rivalen mit Schimpfnamen wie »Renegaten« und »Liquidatoren«. Um eine Partei von Berufsrevolutionären zu etablieren, benötigte er Geld. Geld, das er auf unterschiedlichste und nicht immer legale Weise beschaffte, unter anderem durch Banküberfälle und Erbschleichereien.

In den Vorkriegsjahren entwickelte Lenin zwei weitere Theorien. Der ersten zufolge musste Russland keine »bourgeoise« Revolution durchlaufen, da das Land sich bereits in den Fängen des Kapitalismus befand und somit reif für die Revolution war. Die zweite Theorie lief darauf hinaus, dass die Sozialisten zur Überwindung des Status quo befristete Allianzen mit allen Gruppen eingehen mussten, die – aus welchen Gründen auch immer – dem Status quo feindlich gesonnen waren, wobei Lenin hierbei insbesondere an die Bauern und die nationalen Minderheiten dachte.

Für die Marxisten zählten die Bauern zur »petit bourgeoisie«, zum Kleinbürgertum, und damit zu den Feinden der Industriearbeiter. Lenin dagegen war sich des Strebens der Bauern bewusst, das Land der Gutsbesitzer zu vergesellschaften. Überzeugt, nach der Machtergreifung die Bauern durch die Nationalisierung des Bodens zur Räson bringen zu können, war er durchaus bereit mitzuhelfen, eine Revolution auf dem Land zu entfachen. Was die ethnischen Minderheiten in Russland betraf, verachtete er – wie die anderen Sozialisten auch – den Nationalismus in allen seinen Manifestationen. Allerdings war er der Ansicht, dass die nationalistischen Bestrebungen der Polen, Finnen und anderen von Russland beherrschten ethnischen Gruppen mit zur Schwächung des Regimes beitrugen. Aus diesen Überlegungen heraus versprach er den ethnischen Minderheiten das Recht auf Selbstbestimmung, einschließlich des Rechts, sich von Russland abzuspalten und einen eigenen, souveränen Staat zu bilden. Auf die Frage seiner Anhänger, was er mit einer »Balkanisierung« Russlands zu erreichen hoffte, erklärte er, dass die das russische Reich zusammenhaltenden ökonomischen Bande zu stark seien, als dass sie einen Separatismus erlaubten. Und selbst wenn sich eine oder mehrere Grenzregionen von Russland lossagen würden, könnte man sie später mit Hinweis darauf, dass die »proletarische Selbstbestimmung« Vorrang vor der »nationalen Selbstbestimmung« habe, mit Gewalt zurückholen.

Lenin verbrachte praktisch die gesamte Zeit von 1900 bis 1917 im Ausland. In Deutschland, Österreich, Italien und der Schweiz arbeitete er daran, die Zweite Internationale aufzuspalten, im Gegensatz zur erfolgreich betriebenen Spaltung der Russischen Sozialdemokratischen Arbeiterpartei jedoch mit wenig Erfolg. Er hielt Kontakt zu seinen Anhängern in Russland und verbrachte einen Großteil seiner Zeit damit, bissige Attacken auf seine Opponenten zu verfassen. Mit Ausnahme seiner engsten Gefolgsleute – die er, wenn sie irrten, zu bekehren versuchte – denunzierte er jeden, der abweichende Ansichten vertrat, als Verräter an der Arbeiterklasse.

Russland besuchte er in dieser langen Zeit nur einmal, und zwar während der Revolution von 1905. Die Bolschewiki profitierten von dem Recht auf offene Organisation, ein Zugeständnis des von der Revolution aufgeschreckten Systems an die politischen Parteien. Allerdings gelang keiner der sozialdemokratischen Fraktionen der Aufstieg zur Massenpartei: Bis 1907 nahm ihre Mitgliederzahl auf insgesamt 84 000 Mitglieder zu, um dann, als das revolutionäre Fieber wieder abebbte, bis 1910 auf 10 000 oder weniger zu sinken, und das in einem Land mit über 150 Millionen Einwohnern. Während die Bolschewiki vor allem Großrussen zu ihren Anhängern zählten, lag bei den Menschewiki der Anteil an Minderheiten (wie Juden und Georgier) höher. Keine der beiden zum weitaus größten Teil aus Intellektuellen bestehenden Parteien konnte in nennenswerter Zahl Arbeiter als Mitglieder gewinnen.

Dann kam der Erste Weltkrieg. Die russischen Sozialdemokraten, Bolschewiki wie Menschewiki, waren, abgesehen von den Serben, die einzigen Sozialisten, die gegen Kriegskredite stimmten. Wegen ihrer Opposition wurden die bolschewistischen Abgeordneten im Parlament verhaftet und ins Exil geschickt und das organisatorische Netzwerk der Partei praktisch völlig vernichtet.

Lenin nahm, als der Krieg ausbrach, unverzüglich eine ganz klare Position ein: Der Krieg zwischen den Ländern musste in einen Krieg der Klassen verwandelt werden. Die Arbeiter sollten, statt aufeinander zu schießen, die Waffen gegen ihre Ausbeuter richten. Mit dieser Position gewann Lenin in der Zweiten Internationale eine Reihe von Anhängern, auf deren Konferenzen in der neutralen Schweiz die Russen stark vertreten waren und Lenin die Führung der radikalen Linken übernahm. Obgleich seine Resolutionen nicht angenommen wurden, übte er einen starken Einfluss auf den Verlauf der Verhandlungen aus und legte damit den Grundstein für das, was 1919 die Dritte – oder Kommunistische – Internationale werden sollte.

Russland trat als Alliierter Frankreichs und Großbritanniens in den Ersten Weltkrieg ein. Grund für den Beitritt zur Entente waren die russischen Befürchtungen, dass Deutschland und Österreich in ihrem Expansionsdrang nach Süden und Osten russische Gebiete annektieren und dem Zarenreich den Großmachtstatus streitig machen würden. Frankreich hingegen ließ sich auf eine militärische Partnerschaft mit den Russen ein, weil es seine einzige Chance auf Rettung vor einem übermächtigen deutschen Angriff darin sah, die deutschen Streitkräfte in einen Zweifrontenkrieg hineinzuziehen. Entsprechend sah der russisch-französische Pakt vor, dass Russland im Falle der erwarteten deutschen Invasion in Frankreich unverzüglich Deutschland angreifen und auf Berlin zumarschieren sollte.

Wie sich zeigen sollte, ging keiner der vor dem Krieg geschmiedeten Pläne der Krieg führenden Parteien auf. Der deutsche Schlieffen-Plan, der vorsah, nach einem schnellen und umfassenden Sieg an der Westfront mit einer massiven Truppenverlegung nach Osten den russischen Angriff abzuwehren, schlug fehl: Der Feldzug im Westen mündete in einen zermürbenden Stellungs- und Grabenkrieg, bei dem keine Seite entscheidende Vorteile erringen konnte. Die Russen führten eine Offensive gegen Ostpreußen, wurden aber von den Deutschen vernichtend geschlagen.

Gegen Ende 1914 gelangte die deutsche Oberste Heeresleitung zu dem Schluss, dass nur dann eine Aussicht auf einen Sieg bestand, wenn man Russland besiegte und Deutschland seine gesamten Kräfte auf die Westfront konzentrieren konnte. Im Frühjahr 1915 marschierte eine gemeinsame deutsch-österreichische Streitmacht in Russisch-Polen ein und trieb die Armeen des Zaren mehrere hundert Kilometer nach Osten zurück. Obwohl der Großteil der russischen Truppen die Offensive intakt überstand und Russland – zumindest nominell – im Krieg verblieb, hatte das Land einen Teil seiner reichsten und bevölkerungsstärksten Gebiete verloren.

Diese Niederlage löste in Russland großen Unmut aus, vor allem in liberalen und konservativen Kreisen. Die Liberalen im Parlament (Duma) forderten die Regierung auf, dem Parlament das Recht zur Ernennung von Ministern zu übertragen, während die Konservativen den Rücktritt von Zar Nikolaus II. zu Gunsten eines durchsetzungskräftigeren Mitglieds des Zarenhauses verlangten. Dazu machten in den Truppen und der Bevölkerung Gerüchte über einen Verrat in den höchsten Kreisen die Runde: Der – deutschstämmigen – Gemahlin des Zaren wurde vorgeworfen, militärische Geheimnisse an den Feind verraten zu haben. Kompliziert wurde die Lage für die Regierung noch durch die galoppierende Inflation in den Städten, während der fortschreitende Zusammenbruch des Eisenbahnverkehrs zu Nahrungsmittel- und Brennstoffknappheiten führte, wovon besonders Petrograd (wie St. Petersburg seit dem Ausbruch des Krieges hieß) betroffen war. Zusammen erzeugten die schlechten Nachrichten von der Front, die politische Unzufriedenheit und die wirtschaftliche Notlage in den urbanen Regionen (auf dem Land war die Lage, nicht zuletzt dank der höheren Preise, die für Nahrungsmittel bezahlt wurden, ruhig) bis zum Oktober 1916 eine revolutionäre Situation.

So könnte man sagen, dass die russische Revolution von 1917 eigentlich im November des Vorjahres begann, als die Regierung wegen der Art ihrer Kriegsführung von liberalen und konservativen Duma-Abgeordneten unter heftigen Beschuss genommen und vom Führer der Liberalen Pawel (Paul) Miljukow ganz offen des Verrats bezichtigt wurde. Diese von der politischen Elite ausgehenden Angriffe machten das Land praktisch unregierbar und ließen die Überzeugung Oberhand gewinnen, dass es an der Zeit für einschneidende Veränderungen war. Der von seiner Natur her fatalistisch eingestellte Zar tat nichts, um seine Autorität zurückzugewinnen.

Der Funke, der das Pulverfass der Revolution schließlich explodieren ließ, war der Aufstand der Petrograder Garnison Anfang März 1917. Die Petrograder Garnison bestand hauptsächlich aus älteren Bauern, die sich zu Unrecht zum Militärdienst herangezogen fühlten und sich gegen ihre Vorgesetzten wandten, als sie den Befehl erhielten, auf protestierende Zivilisten zu schießen. Aus Angst, der Aufstand könnte auf die Front übergreifen und Russlands Niederlage besiegeln, drängten die Generäle Zar Nikolaus zum Thronverzicht. Als aufrechter Patriot folgte er ihrem Ratschlag und dankte am 15. März ab.

Nach seiner Abdankung übernahm ein mit Duma-Abgeordneten besetztes Komitee die Macht, das sich selbst den Namen »Provisorische Regierung« gab. Parallel dazu beriefen sozialistische Intellektuelle in Petrograd einen *Sowjet* ein, einen Rat der Arbeiter- und Soldatendeputierten. Der Petrograder Sowjet sollte über die »bourgeoise« Provisorische Regierung wachen und sicherstellen, dass sie keine reaktionäre Politik verfolgte. Die nächsten sieben Monate wurde Russland von einem Regime der dualen Macht regiert – oder besser, missregiert –, bei dem die Sowjets die Autorität der Administration hintertrieben, ohne jedoch die Verantwortung für die sich daraus ergebenden Konsequenzen zu übernehmen. So beraubten die sozialistischen Intellektuellen, welche die Sowjets anführten, die Armee ihrer Handlungsfähigkeit, indem sie die Autorität der als potenziell konterrevolutionäre Macht geltenden Offiziere beschnitten. Gleichzeitig beharrten sie jedoch darauf, den Krieg fortzuführen, bis der Feind besiegt sei.

Die Provisorische Regierung versprach zwar die sofortige Einberufung einer Verfassunggebenden Versammlung, die dem Land eine neue, republikanische Regierung geben sollte, verschob aber angesichts unmittelbarer und drängender Aufgaben immer wieder die Wahlen zu einer solchen Versammlung. Dasselbe galt für die in Aussicht gestellten Agrarreformen. In der Zwischenzeit häuften sich die Übergriffe ungeduldiger Bauern auf private Landgüter, an der Front desertierten scharenweise Soldaten, um bei der erwarteten Neuverteilung des Landes nicht zu kurz zu kommen, und die nationalen Minderheiten forderten immer lauter ihr Recht auf Selbstverwaltung – und in einigen Fällen auf volle Souveränität – ein. Das Land, das über Jahrhunderte hinweg durch die Autorität des Staates, nicht etwa durch soziale Kohäsion, zusammengehalten worden war, glitt in die Anarchie ab.

Das war die Chance, auf die Lenin, der Anfang 1917 in der Schweiz lebte, gewartet hatte. Als er die Nachricht von der Februarrevolution erhielt, kabelte er seinen Stellvertretern in Russland, der Provisorischen Regierung zu misstrauen, keine Allianzen mit anderen sozialistischen Parteien einzugehen und die Arbeiter zu bewaffnen. Er brannte vor Ungeduld, in seine Heimat zurückzukehren und die Revolution voranzutreiben.

Die an der Westfront in einen scheinbar endlosen Abnutzungskrieg verstrickten Deutschen und Österreicher hielten auf russische Emigranten wie Lenin, die gegen den Krieg eingestellt waren, ein wachsames Auge. Als Lenin sich mit der Bitte um Hilfe bei der Rückkehr nach Russland an die deutsche Botschaft in der Schweiz wandte, bot Berlin ihm und anderen sozialistischen Emigranten nicht nur sichere Passage durch Deutschland an, sondern auch, war er erst einmal wieder in Russland, Geld zum Wiederaufbau seiner Partei. Lenin, den es nicht kümmerte, woher er sein Geld bekam, solange er es zu seinen Zwecken verwenden konnte, nahm das Angebot an. Über Mittelsmänner und unter Wahrung strengster Geheimhaltung ließ sich Lenin die nächsten eineinhalb Jahre von den Deutschen finanzieren.

Sofort nach seiner Ankunft in Petrograd attackierte Lenin die Provisorische Regierung und forderte ihren Sturz; sie durfte keine Gelegenheit bekommen, in Russland ein, wie es die Menschewiki und auch die meisten von Lenins Anhängern anstrebten, »bourgeoises« Regime zu errichten. Im Juli 1917 inszenierten die Bolschewiki einen halbherzigen Staatsstreich, der jedoch in sich zusammenbrach, als die Regierung einige der vom Geheimdienst gesammelten Informationen über Lenins Kollaboration mit den Deutschen an die Öffentlichkeit brachte. Der Befehl wurde ausgegeben, Lenin und andere führende Bolschewiki zu verhaften, darunter auch Leo Trotzki, der erst kurz zuvor der Partei beigetreten war. Trotzki ging ins Gefängnis, Lenin dagegen floh nach Finnland, wo er sich bis zum Vorabend der Novemberrevolution versteckt hielt.

Lenins Gefolgschaft war klein, aber straff organisiert und darauf getrimmt, die vom Zentralkomitee der Partei ausgegebenen Befehle zu befolgen. Keine der anderen Parteien verfügte über eine auch nur annähernd so gute Organisation: Die in der Bevölkerung und vor allem bei den Bauern weitaus populäreren Sozialrevolutionäre hatten eine lose Struktur, die es ihnen nicht erlaubte, ihre Gefolgschaft effektiv zu mobilisieren. Dasselbe galt für die Menschewiki und die liberale Partei der Konstitutionellen Demokraten. Darüber hinaus war mit Ausnahme von Lenin keiner der bedeutenderen Politiker bereit, die Macht und damit die Verantwortung dafür zu übernehmen, ein allem Anschein nach unregierbares Land zu regieren. Lenin, der sich sein gesamtes Leben als Erwachsener auf diesen Moment vorbereitet hatte, verfolgte die Entwicklung aufmerksam und wartete auf den richtigen Zeitpunkt zum Zuschlagen.

Dieser Zeitpunkt kam im Spätsommer 1917, als sich Alexander Kerenskij, der nominelle, aber wenig effektive Diktator, mit dem Oberkommandierenden der Russischen Armee, General Lawr Kornilow anlegte und ihn ungerechtfertigterweise der Vorbereitung eines Militärputsches bezichtigte. Mit dieser unverantwortlichen Handlung verspielte Kerenskij sich die Unterstützung der Armee, die er zur Abwehr eines weiteren bolschewistischen Putschversuchs benötigt hätte. Gleichzeitig stärkte er die Bolschewiki, als er inhaftierte Parteigänger Lenins aus dem Gefängnis entließ und ihnen Waffen gab, eine Maßnahme, mit der er den – wie er glaubte – bevorstehenden Staatsstreich Kornilows aufhalten wollte. Im darauf folgenden Monat verzeichneten die Bolschewiki in den Wahlen zu den Sowjets beeindruckende Erfolge, das Zeichen für Lenin, dass die Zeit für einen weiteren und diesmal entscheidenden Schlag gekommen war. Der Beschluss zur Machtübernahme wurde auf einem geheimen Treffen der bolschewistischen Führer in der Nacht vom 23. auf den 24. Oktober 1917 gefasst, wobei Lenin sich gegen den heftigen Widerstand seiner Mitstreiter durchsetzen musste, die eine Wiederholung des Fiaskos vom vergangenen Juli befürchteten.

Der Staatsstreich wurde am 7. November ausgeführt, als probolschewistische Einheiten alle strategischen Punkte in der Hauptstadt besetzten, ohne auch nur einen einzigen Schuss abfeuern zu müssen. In Moskau kam es zwar zu einigen Kämpfen, aber im Rest des Landes lief die Machtübernahme sehr ruhig ab. Lenin sagte später, die Übernahme der Macht in Russland sei so leicht gewesen, wie »eine Feder aufzuheben«. Der Grund dafür dürfte vor allem darin zu sehen sein, dass er schlau genug war, die Machtübernahme durch ihn und seine Partei nach außen hin als die Übertragung »aller Macht auf die Sowjets« zu präsentieren, eine Losung, die eher an eine Basisdemokratie als an eine Diktatur denken ließ. Selbst Lenins sozialistische Rivalen, die seine wahren Intentionen ahnten, zeigten sich nicht sonderlich beunruhigt, da sie überzeugt waren, dass eine bolschewistische Einparteien-Diktatur nicht lange überdauern und bald schon einer sozialistischen Koalition weichen würde. Sie zogen es vor, Lenin eine Weile die Zügel der Macht in die Hand nehmen zu lassen, statt einen Bürgerkrieg zu provozieren, der nur der »Konterrevolution« in die Hände spielen würde.

Wie sich zeigen sollte, sollten die Kommunisten in Russland 74 Jahre an der Macht bleiben. Russland wurde also nicht infolge eines Aufstands der Massen zum ersten kommunistisch regierten Land der Welt, der Kommunismus wurde dem Land von einer kleinen Minderheit aufgezwungen, die sich hinter demokratischen Slogans versteckte – ein bezeichnendes Merkmal, das den weiteren Kurs der Entwicklung bestimmen sollte.

Von der historischen Warte aus betrachtet, muss man der Kühnheit Respekt zollen, welche die Bolschewiki bei der Machteroberung in Russland an den Tag legten. Keiner der führenden Bolschewiki besaß Regierungs- oder Verwaltungserfahrung, und doch waren sie willens, die Regierungsverantwortung für das größte Land der Welt zu übernehmen. Ebenso wenig hielt sie ihr Mangel an wirtschaftlicher Erfahrung davon ab, sich sofort nach der Machtübernahme an die Nationalisierung der Ökonomie zu machen und damit das Management der weltweit fünftgrößten Volkswirtschaft zu verantworten. Die überwältigende Mehrheit der russischen Bevölkerung galt ihnen als Klassenfeind – die Bourgeoisie und die Gutsbesitzer aus ideologischen, der Großteil der Bauern und der Intelligenzija aus faktischen Gründen – der Industriearbeiter, die zu repräsentieren sie vorgaben. Allerdings stellten die Industriearbeiter damals nur einen verschwindend geringen Prozentsatz der russischen Bevölkerung – bestenfalls ein oder zwei Prozent –, und davon wiederum zählte nur ein Bruchteil zu den Gefolgsleuten der Bolschewiki: Am Vorabend des Novemberputsches waren gerade einmal 5,3 Prozent der Industriearbeiter eingeschriebene Mitglieder der bolschewistischen Partei.[2] Somit blieb dem neuen Regime keine Alternative, als eine Diktatur zu installieren – keine Diktatur des Proletariats, sondern eine Diktatur über das Proletariat und alle anderen Klassen. Diese Diktatur, die im Laufe der Zeit in ein totalitäres Regime mutierte, war demnach eine zwangsläufige Konsequenz der Randbedingungen der bolschewistischen Machtübernahme. Um sich auf Dauer an der Macht halten zu können, mussten die Kommunisten ihre Autorität um jeden Preis, auch mit den Mitteln des Despotismus, aufrechterhalten – ein Prinzip, das auch für alle nachfolgenden kommunistischen Regime galt.

Lenin, der sich dessen bewusst war, hatte keinerlei Skrupel, das Land einem erbarmungslosen Despotismus zu unterwerfen. »Diktatur« jedweder Prägung, auch die Diktatur des Proletariats, definierte er als eine »Macht, die durch nichts begrenzt wird, die durch keine Gesetze beschränkt wird, die an keinerlei Regeln gebunden ist und unmittelbar auf Zwang beruht«.[3] Unbeschränkter Terror galt ihm als legitimes Mittel, seine Opponenten zu vernichten und den Rest der Bevölkerung einzuschüchtern. Dafür verantwortlich war zum Teil Lenins Indifferenz gegenüber menschlichem Leben, zum Teil aber auch seine aus dem Studium der Geschichte gewonnene Überzeugung, dass alle bisherigen sozialen Revolutionen gescheitert waren, weil sie nicht konsequent bis zum Ende durchgeführt worden waren, eine Nachlässigkeit, dank der die Klassenfeinde überleben und sich neu formieren konnten. Mit Gewalt – absoluter und (um eines von Lenins Lieblingsadjektiven zu bemühen) erbarmungsloser Gewalt – musste der Boden für die neue Gesellschaftsordnung bereitet werden. Allerdings glaubte er auch, dass diese Phase der absoluten Gewalt nur von kurzer Dauer sein müsste. »Der Eroberer«, zitierte er einmal Machiavelli, »[…] sollte alle Gewalttaten, die er zwangsläufig begehen muss, genau überlegen und mit einem Schlag durchführen […] Wer es […] anders macht […] kann sich nie auf seine Untertanen verlassen.«[4]

Entgegen Lenins Erwartungen entwickelte sich diese Grausamkeit zu einer permanenten Eigenschaft seines Regimes. Oder, um es mit Thomas Hobbes auszudrücken: Wo kein Einvernehmen über die Trümpfe besteht, sind die Keulen Trümpfe.

Lenins Entschlossenheit und Energie standen in krassem Gegensatz zur Hilflosigkeit der gestürzten Provisorischen Regierung. Er autorisierte die Wahlen zur Verfassunggebenden Versammlung, die so lange immer wieder aufgeschoben worden waren. Dass die rivalisierenden Sozialrevolutionäre mehr als doppelt so viel wie die 24 Prozent der landesweit für die Bolschewiki abgegebenen Stimmen auf sich vereinigen konnten, scherte ihn wenig: Mit Hinweis darauf, dass die Arbeiter und Soldaten in großen Massen für seine Partei gestimmt hätten, erlaubte er der Versammlung, einen Tag lang zusammenzutreten, bevor er sie auflöste. Der von ihm eingesetzten Regierung, dem so genannten Rat der Volkskommissare, gehörten ausschließlich Bolschewiki an, eine Marionettenregierung, deren Funktion vornehmlich darin bestand, die Order der Bolschewistischen Partei auszuführen. Lenin schaffte alle juristischen

Institutionen ab und legte die Verantwortung für Recht und Ordnung in die Hände der Revolutionstribunale, die von juristisch nicht ausgebildeten, dafür aber »klassenbewussten« Laien geführt wurden, sowie in die der Tscheka, der neu eingerichteten Geheimpolizei. Der Terror setzte praktisch mit dem Tag ein, an dem er die Macht an sich riss.

Lenin, dem klar war, dass er Zeit brauchte, um eine solide politische Basis aufzubauen und sein revolutionäres Programm durchzuführen, ließ seine Adjutanten im März 1918 in Brest-Litowsk einen höchst unpopulären Friedensvertrag mit Deutschland, Österreich, der Türkei und Bulgarien unterzeichnen, in dem er beträchtliche Territorien abtrat.

Als eine Art Präludium seines eigentlichen Anliegens, die weltweite Revolution, inszenierte er in Russland einen Bürgerkrieg. Hinterher machten die Bolschewiki russische Reaktionäre und ihre ausländischen Unterstützer für den Bürgerkrieg verantwortlich, der Russland drei Jahre lang verheeren und Millionen von Menschenleben fordern sollte. Doch wie bereits angemerkt, die Transformation des Krieges von einem Konflikt zwischen Nationen zu einem zwischen den Klassen stellte schon lange vor 1917 einen Grundpfeiler der bolschewistischen Plattform dar. Trotzki selbst gestand das ein, als er schrieb: »Die Sowjetmacht ist organisierter Bürgerkrieg.« Man könnte sogar so weit gehen zu sagen, dass die Bolschewiki die Macht in Russland mit der Absicht an sich rissen, das Land in einen Bürgerkrieg zu stürzen.

Um sich der Unterstützung oder zumindest der Neutralität der Bauern und Arbeiter zu versichern, operierte Lenin anfangs mit anarchistischen Losungen. Er rief die Bauern auf, Landgüter zu besetzen und unter sich aufzuteilen – nicht nur staatliche Ländereien und die der Gutsherren, sondern auch das Land der unabhängigen Bauern. In einem zu der Zeit erlassenen Dekret wurde der gesamte Grund und Boden nationalisiert – mit Ausnahme zunächst der von den Bauern selbst bestellten Parzellen. Gleichzeitig appellierte er an die Arbeiter, die Fabriken zu übernehmen, eine syndikalistische Forderung, die nichts gemeinsam hatte mit dem Marxismus. Doch dies waren nur temporäre Maßnahmen, taktische Schachzüge, die er rückgängig zu machen gedachte, sobald sich sein Regime stabilisiert hatte. Denn Lenins ultimatives Ziel war die Nationalisierung aller menschlichen und materiellen Ressourcen des Landes – die Grundvoraussetzung für den Umbau der russischen Volkswirtschaft in eine zentrale Planwirtschaft.

Die Geschichte Sowjetrusslands zwischen 1917 und 1920 braucht uns hier nicht weiter zu beschäftigen. Es genügt zu sagen, dass die Kommunisten – wie sich die Bolschewiki ab 1918 selbst bezeichneten – den Bürgerkrieg gewannen, teils, weil sie die bevölkerungsreichen Zentren des Landes kontrollierten, in denen der Großteil der industriellen (und militärischen) Anlagen konzentriert war, teils, weil die westlichen Mächte die »Weißen«, wie die Gegner der Kommunisten genannt wurden, nur halbherzig unterstützten. Noch während des Bürgerkriegs und kurz nach seinem Ende eroberte das Regime die meisten der nichtrussischen Grenzgebiete – die Ukraine, den Kaukasus und Zentralasien – zurück, die sich zuvor abgespalten hatten. Diese Gebiete wurden 1924 mit Sowjetrussland zur Union der Sozialistischen Sowjetrepubliken vereinigt. Alle Gebiete wurden, wenn nicht in der Theorie, so doch in der Praxis, von derselben Kommunistischen Partei mit Hauptquartier in Moskau regiert, deren Zweigorganisationen jedes Segment des organisierten öffentlichen Lebens penetrierten. Diese Arme dienten, um mit Mussolini zu sprechen, der sein faschistisches Regime nach Lenins Vorbild modellierte, als die »kapillare Organisation des Regimes«. Keine Organisation, nicht einmal die unverdächtigste, konnte der Kontrolle der Kommunistischen Partei entkommen. Was daraus entstand, war der erste Einparteienstaat der Geschichte.

Abgesehen davon, dass sie sich an der Macht hielten, mussten die Bolschewiki in so gut wie allem, was sie erreichen wollten, Rückschläge hinnehmen. Die Praxis hatte, wie sich zeigte, wenig mit der Theorie gemein, ein Irrtum, den sie sich jedoch nicht einzugestehen vermochten. Statt, wenn sich die Dinge nicht wunschgemäß entwickelten, von der reinen Lehre abzurücken, verstärkten sie den Druck. Zuzugeben, dass sie sich geirrt hatten, hätte ihr gesamtes theoretisches Konstrukt ins Wanken gebracht, das für sich in allen seinen Teilen wissenschaftliche Korrektheit in Anspruch nahm.

Wenden wir uns zunächst dem Staat zu. Eine der vielen Enttäuschungen, die Lenin hinnehmen musste, war die Entstehung einer riesigen, vor allem ihren eigenen Interessen verpflichteten und kaum kontrollierbaren Bürokratie. Laut der marxistischen Doktrin ist der Staat nichts weiter als der Diener der die Produktionsmittel beherrschenden Klasse und besitzt als solcher keine Eigeninteressen. Diese Überzeugung bewies eine bemerkenswerte Ignoranz der politischen Geschichte. Seit der Zeit der Pharaonen liegen dafür zahllose Beispiele vor, zum Beispiel für eine Beamtenkaste, die ein Eigeninteresse entwickelte und eine Interessengruppe bildete, die in vielen Fällen einflussreicher war als die Klasse der Besitzenden. Lenin verfolgte entsetzt das rasante Wachstum der Sowjetbürokratie, ein Wachstum, das jedoch eine Folge seiner eigenen Politik war: In dem Maße, wie die Kommunistische Partei durch den Staat die Kontrolle über das gesamte organisierte Leben des Landes übernahm und – angefangen von Groß- und Kleinunternehmen über den Einzel- und Großhandel, die Verkehrsbetriebe und den Dienstleistungssektor bis hin zu Bildungseinrichtungen und anderen Institutionen – die Verstaatlichung vorantrieb, wuchs die Bürokratie, die Privatbesitzer und Manager ersetzte. Um das Ausmaß dieser Entwicklung zu illustrieren, genügt es, sich vor Augen zu führen, dass der Oberste Wirtschaftsrat, die mit der Verwaltung der russischen Industrie betraute Organisation, 1921 fast 250 000 Beamte beschäftigte, zu einer Zeit also, als die Industrieproduktion auf unter ein Fünftel des Niveaus von 1913 gefallen war. 1928 zählte die Partei- und Staatsbürokratie vier Millionen Mitglieder.

Die große Mehrheit der Funktionäre – viele von ihnen ehemalige Beamte des alten Regimes – hatte sich von der neuen Regierung verpflichten lassen, weil ihnen der Beamtenstatus ein Mindestmaß an Sicherheit und Einkommen gewährte. Es dauerte nicht lange, bis sie eine Kaste bildeten, die ihr kollektives Interesse nicht nur über das der Bevölkerung, sondern auch das der kommunistischen Sache stellte, der sie nominell verpflichtet war.

Der Erste, der den potenziellen Nutzen der Sowjetbürokratie als Instrument zur Absicherung seiner persönlichen Machtstellung innerhalb der Partei erkannte, war Josef W. Stalin. Als halbgebildeter Georgier, der in seiner Jugend die religiöse Seminarschule besucht, jedoch nicht abgeschlossen und sich den Bolschewiki angeschlossen hatte, erwarb er sich durch unbedingte Loyalität und seine ausgewiesenermaßen herausragenden administrativen Fähigkeiten Lenins Vertrauen. Im Gegensatz zu Trotzki und anderen kommunistischen Führungspersönlichkeiten wie Lew Kamenjew und Grigorij Sinowjew stellte Stalin

Lenins Einschätzungen und Beurteilungen niemals in Frage, und während die anderen Pamphlete verfassten und Reden hielten, organisierte Stalin im Hintergrund die stetig wachsende Armee der Parteifunktionäre. Lenin zog ihn seinen intellektuelleren Genossen vor und ernannte ihn 1922 zum Generalsekretär der Partei, womit er Stalin die Kontrolle über die Parteikader überantwortete.

Von Beginn an nutzte Stalin seine Stellung dazu, ihm persönlich verpflichtete Kommunisten zu fördern, auf deren Hilfe er im Kampf um die Parteiführung setzen konnte, der auf Grund des sich verschlechternden Gesundheitszustands Lenins über kurz oder lang zu erwarten war. Stalin war es, der die *Nomenklatura* genannte Institution erschuf: Verzeichnisse der für wichtige Exekutivpositionen in Frage kommenden Kommunisten, die Privilegien wie den Zugang zu speziellen Nahrungsmittelgeschäften, Krankenhäusern, Hotels und selbst Schneidern und Friedhöfen genossen. Diese Politik, der Aufbau einer privilegierten Elite, einer administrativen Klasse, die ein vitales Interesse am Überleben des Regimes besaß, garantierte die kommunistische Herrschaft für die nächsten siebzig Jahre. Gleichzeitig jedoch stellte sie sicher, dass das kommunistische Ideal der gesellschaftlichen Gleichheit ein leeres Versprechen blieb.

Mindestens ebenso frustrierend für die Bolschewisten war ihre Unfähigkeit, die russische Volkswirtschaft zu managen. Die sozialistische Literatur hatte ihnen versichert, dass der vom Profitstreben angetriebene Kapitalismus inhärent weniger effizient sei als eine vom Staat monopolisierte Ökonomie. Je größer ein Unternehmen, glaubten sie, umso besser funktionierte es. Genauso überzeugt waren sie, dass man eine Ökonomie ohne Rückgriff auf Geld als Tauschmittel betreiben konnte.

Alle diese Annahmen erwiesen sich als falsch. Was an Versuchen unternommen wurde, die nationale Ökonomie einem Zentralplan zu unterwerfen, schlug fehl. In den Fabriken führte das Missmanagement, anfangs durch die Arbeiter, dann später durch die kommunistischen Funktionäre, zu drastischen Produktivitätseinbrüchen. Auch die Bemühungen vor allem der Tscheka, den privaten Handel zu unterbinden, erwiesen sich als fruchtlos, da die Hersteller und Mittelsmänner immer wieder Mittel und Wege fanden, ihre Geschäfte zu tätigen. Der freie Markt, den die Kommunisten als die Quintessenz des Kapitalismus betrachteten und deshalb zerschlagen wollten, verschwand nicht, sondern verlagerte sich lediglich in den Untergrund. Es dauerte nicht lange, bis die Schattenwirtschaft von ihrem Volumen her die offizielle Ökonomie überholte. Allein die Hyperinflation, von der Regierung, die das Land mit neuen Banknoten überflutete, gezielt in Gang gesetzt, erfüllte ihren Zweck und vernichtete die Sparguthaben der Russen: 1923 lagen die Preise in der Sowjetunion um das 100-millionenfache über denen von 1917. Die Abkehr vom Geld als Tauschmittel bedeutete aber auch, dass weder ein ordentliches Staatsbudget aufgestellt, noch die Transaktionen zwischen den verstaatlichten Unternehmen kalkuliert werden konnten.

Die – vom Bürgerkrieg noch verschärfte – Folge dieses laienhaften Wirtschaftsmanagements war ein verheerender Absturz aller Produktionskennziffern. Die gesamte großindustrielle Produktion war 1920 auf 18 Prozent des noch 1913 erreichten Niveaus gesunken, die Kohleförderung auf 27 Prozent des Vorkriegsstandes und die Eisenerzeugung auf 2,4 Prozent. Die Zahl der Industriearbeiter, deren Lebensstandard auf ein Drittel des Vorkriegsniveaus gesunken war, betrug 1921 weniger als die Hälfte als noch drei Jahre zuvor.[5] Ein kommunistischer Experte bezeichnete das, was der sowjetischen Ökonomie zwischen 1917 und 1920 widerfuhr, als eine Katastrophe, die »kein Beispiel in der Geschichte der Menschheit« findet.[6]

Angesichts solcher Fehlschläge neigte Lenin dazu, auf Erschießungskommandos zu setzen. Isaak Steinberg, ein Linker Sozialrevolutionär und eine Zeit lang Lenins Volkskommissar für Justizwesen, beschrieb ein Treffen des Rates der Volkskommissare im Februar 1918, auf dem Lenin den Entwurf eines Dekrets mit dem Titel »Das sozialistische Vaterland in Gefahr!« präsentierte. In dem Dekret forderte Lenin unter anderem, bestimmte Verbrecher, lose definiert als »feindliche Agenten, Spekulanten, Plünderer, Aufrührer, konterrevolutionäre Agitatoren [und] deutsche Spione«, »am Tatort«, das heißt ohne Verhandlung, zu exekutieren. Steinberg wandte sich gegen dieses Dekret, da es seiner Meinung nach eine »grausame Drohung [...] mit weit reichenden terroristischen Potenzialen« darstellte:

> Lenin grollte darüber, dass ich mich im Namen der revolutionären Gerechtigkeit widersetzte. So rief ich schließlich aufgebracht aus: »Wozu brauchen wir dann noch ein Kommissariat für Justizwesen? Nennen wir es doch einfach *Kommissariat für soziale Ausrottung*, und damit basta!« Lenins Gesicht hellte sich sogleich wieder auf, und er erwiderte: »Gut gesagt [...], das ist genau das, was es eigentlich sein sollte [...] aber das können wir nicht sagen.«[7]

Der folgenschwerste Aspekt des ökonomischen Desasters aber war der Rückgang der Nahrungsmittelproduktion.

Wie oben erwähnt, betrachteten die Kommunisten, wie auch die anderen Marxisten, das Bauerntum als eine kleinbürgerliche Klasse und somit als einen eingeschworenen Feind der Industriearbeiter – ungeachtet des Umstands, dass die Mehrheit der russischen Industriearbeiter aus Dörfern stammte und dorthin auch enge Beziehungen unterhielt. Die Kommunisten erklärten der Landbevölkerung aus zweierlei Gründen den Krieg: Zum einen wollten sie die Nahrungsmittelversorgung der Städte und der Roten Armee sicherstellen, zum anderen zielten sie damit darauf ab, ihre Autorität auf das Land auszuweiten, auf dem von den veränderten Machtverhältnissen bislang wenig zu spüren war.

Im Sommer 1918 startete Moskau eine Kampagne, um an das Getreide der Dörfer zu gelangen, das die Bauern zu den von der Regierung vorgegebenen, viel zu niedrigen Festpreisen nicht abzugeben bereit waren. Dazu schuf sie in den Dörfern so genannte Komitees der Dorfarmut, eine Art dörfliche fünfte Kolonne, von der man sich erhoffte, dass sie im Austausch gegen einen Anteil an der Beute mit der Regierung gegen die reicheren Bauern (Kulaken) kollaborieren würde, denen man unterstellte, Lebensmittel zu horten. Parallel dazu entsandte Moskau Banden bewaffneter Städter mit dem Auftrag auf das Land, die »Überschüsse« einzusammeln. In der Folge kam es zu heftigen Kämpfen zwischen Bauern, viele davon demobilisierte Soldaten, und den so genannten Abteilungen für Lebensmittelbeschaffung. Ein Großteil des Landes versank in einen Bürgerkrieg, der noch brutaler geführt wurde als der Kampf der Roten Armee gegen die Weißen. Lenin, der jeden Bauern als Kulaken klassifizierte, der sich gegen die Autorität der Sowjets auflehnte, tobte und forderte Massenpogrome. Im Folgenden zwei Beispiele seiner Direktiven, beide vom August 1918 datierend, die erste aus einer Rede vor Arbeitern, die zweite aus einer geheimen Order, die er an kommunistische Funktionäre in der Provinz Penza schickte:

Den Kulaken erfüllt wilder Hass gegen die Sowjetmacht, er ist bereit, Hunderttausende Arbeiter zu erdrosseln und niederzumetzeln [...] Entweder werden die Kulaken unendlich viele Arbeiter hinschlachten, oder die Arbeiter werden die Aufstände der Minderheit des Volkes, der kulakischen Räuber, gegen die Macht der Werktätigen erbarmungslos niederschlagen. Einen Mittelweg kann es hier nicht geben [...] Die Kulaken sind die bestialischsten, rohesten und brutalsten Ausbeuter [...] Diese Blutsauger haben sich im Krieg an der Not des Volkes bereichert, sie haben Tausende und Hunderttausende Rubel zusammengerafft [...] Diese Spinnen haben sich auf Kosten der durch den Krieg ruinierten Bauern, auf Kosten der hungernden Arbeiter gemästet. Diese Blutegel haben sich mit dem Blut der Werktätigen vollgesaugt und werden umso reicher, je mehr der Arbeiter in den Städten und Fabriken gehungert hat. Diese Vampire haben Gutsbesitzerländereien zusammengerafft, sie raffen immer mehr zusammen und zwingen die armen Bauern immer und immer wieder in die Schuldknechtschaft. Schonungsloser Krieg diesen Kulaken! Tod den Kulaken![8]

Kameraden! Der Aufstand in den fünf Kulakenbezirken muss *erbarmungslos* unterdrückt werden. Die Interessen der *gesamten* Revolution verlangen dies, denn nun ist *überall* »die letzte Entscheidungsschlacht« mit den Kulaken im Gange. Es muss ein Exempel statuiert werden.
1) Hängt (und nur hängen, denn die *Leute sollen sehen*) *nicht weniger als 100* bekannte Kulaken, Reiche, Blutsauger.

2) Veröffentlicht ihre Namen.
3) Nehmt ihnen *alles* Getreide weg.
4) Benennt – wie im gestrigen Telegramm dargelegt – Geiseln. Tut das auf eine solche Weise, dass im Umkreis von mehreren hundert Werst [Kilometern] die Leute sehen, zittern, wissen und schreien: *Sie strangulieren sie* und sie werden die Blutsauger-Kulaken zu Tode strangulieren.
Telegrafiert Empfang und *Durchführung.*
Lenin.
Findet einige *wirklich harte* Leute.[9]

Die Bauern, reiche wie arme gleichermaßen, reagierten auf diesen Terror unter anderem mit einer Beschränkung der Saatfläche, um den durch die Konfiszierung bedrohten »Überschuss« zu verringern. Auch der Mangel an Pferden, von denen viele für den Bürgerkrieg mobilisiert worden waren, wirkte sich negativ auf die Erträge aus. In der Folge sanken die Getreideerträge von 78,2 Millionen Tonnen 1913 auf 48,2 Millionen Tonnen 1920.

Anfang 1921 spitzten sich die von Lenins Regierung durch den Versuch, einem nach eigener Definition überwiegend konterrevolutionären Land ein kommunistisches System aufzuzwingen, selbst geschaffene Probleme zu. Im Januar brach im Marinestützpunkt Kronstadt vor Petrograd, früher eine Hochburg der Bolschewiki, ein Aufstand aus. In Resolutionen riefen die meuternden Matrosen die Nation auf, der kommunistischen Tyrannei ein Ende zu setzen. Zur gleichen Zeit kam es in Petrograd wegen der sich verschärfenden Versorgungssituation zu massiven Streiks, während die Provinz Tambow von einer großen Bauernrebellion erschüttert wurde.

Obwohl Lenin nicht zögerte, diese defätistischen Entwicklungen mit Hilfe brutalster militärischer Gewalt zu zerschlagen, unter anderem kam sogar Giftgas zum Einsatz, musste er, wenn auch zögerlich, eingestehen, dass sich die Unruhen damit nicht unter Kontrolle bringen ließen. Anfang 1921 kündigte er die Einführung der Neuen Ökonomischen Politik (NEP) an, deren Schlüsselkomponente das Ende der Zwangserhebung von Lebensmitteln war. Stattdessen mussten die Bauern nun eine Naturalsteuer entrichten und durften, was ihnen an Überschüssen blieb, auf dem freien Markt verkaufen. Zugleich gab die Regierung in begrenztem Umfang die Herstellung von und den Handel mit privaten Gebrauchsgütern frei. Bei alledem jedoch stellte Lenin sicher, dass die Regierung die Kontrolle über die, wie er sagte, »Kommandohöhen« der Wirtschaft behielt, namentlich über die Grundstoffindustrien, den Außenhandel, die Banken, die Medien und den Verkehrssektor.

Diese Konzessionen kamen zu spät, um die schlimmste Hungersnot zu verhindern, die bis dahin ein europäisches Land heimgesucht hatte. Ausgelöst durch eine Dürre, verhungerten 5,2 Millionen Russen, und ohne die Hilfe der vom späteren US-Präsidenten Herbert Clark Hoover geleiteten American Relief Administration, die Lebensmittel für 25 Millionen Menschen lieferte, wäre die Zahl der Opfer zweifellos noch höher ausgefallen.

Unter der NEP erholte sich das Land erstaunlich rasch, und 1928 erreichte die russische Getreideproduktion ein Niveau, wie es sie seit 1913 nicht mehr erlebt hatte.

Inner- und außerhalb Russlands glaubten viele, dass die NEP eine Abkehr vom Kommunismus bedeutete. In Anlehnung an die Ereignisse, die in Frankreich im Jahr 1794 dem Sturz und der Exekution der jakobinischen Führer vorausgegangen waren, machte das Wort von einem »russischen Thermidor« die

Runde, eine Analogie, die jedoch unzutreffend war: Zum einen blieben die russischen Jakobiner fest im Sattel sitzen, zum anderen beabsichtigten sie mit den Eingeständnissen lediglich, sich Zeit für die Sammlung ihrer Kräfte zu erkaufen. Genauso war es dann auch.

Die Bolschewiki übernahmen die Macht in Russland nur, weil sich dort die Gelegenheit dazu bot. Überzeugt, dass die vereinten Kräfte des weltweiten Kapitalismus ihre Revolution zerschlagen würde, sollte es ihnen nicht gelingen, sie in die industrialisierten Länder des Westens zu exportieren, waren sie von Anfang an fest entschlossen, den Kampf über die Grenzen Russlands hinauszutragen. »Wir haben schon immer betont«, brachte Lenin dies ganz unverhohlen zum Ausdruck, »dass ein Unterfangen von der Art einer sozialistischen Revolution in einem Land allein nicht machbar ist.«[10] Diese internationale Dimension der russischen Revolution stellte Lenin auch in einer 1920 gehaltenen Rede unmissverständlich klar:

> Wir wussten [im November 1917], dass unser Sieg nur dann ein dauerhafter Sieg sein kann, wenn unser Unterfangen die ganze Welt erobert, und haben es ausschließlich im Vertrauen auf die Weltrevolution in Angriff genommen.[11]

Das erklärt, warum die kommunistische Regierung, die innerhalb der Grenzen Russlands einen extremen Konservatismus an den Tag legte und keinerlei Initiativen von außerhalb tolerierte, im Ausland, und nur im Ausland, eine radikale Politik verfolgte und ebendie Massen anstachelte, die sie zu Hause zum Schweigen gebracht hatte.

Der erste ernsthafte Versuch, den Kommunismus zu exportieren, zielte nach Ende des Ersten Weltkriegs auf die besiegten Mittelmächte ab. Im Januar 1919 stiftete Moskau in Deutschland eine Revolution an, die jedoch schnell unterdrückt wurde. Etwas mehr Erfolg war den Kommunisten in Ungarn beschieden, wo sich die von ihnen 1919 gebildete Regierung ein halbes Jahr halten konnte, allerdings aber auch nur, weil Sowjetrussland versprochen hatte, Ungarn gegen die ins Land eingefallene rumänische Armee zu verteidigen. Doch als Moskau dann nicht Wort hielt, war der Sturz der kommunistischen Stellvertreterregierung in Budapest besiegelte Sache. Andernorts, beispielsweise in Wien, scheiterten ähnliche Versuche, bevor sie überhaupt erst richtig in die Gänge kamen.

Der Sommer 1920 bescherte Lenin seine größte Enttäuschung hinsichtlich der Ausbreitung des Kommunismus im Ausland. Mit dem Ziel, die Ukraine aus dem Sowjetreich herauszulösen und so der Wiederauferstehung eines starken, imperialistischen Russland zuvorzukommen, waren im April 1920 polnische Einheiten zusammen mit ukrainischen Nationalisten in die Sowjetukraine einmarschiert. Doch der Einmarsch löste keinen Aufstand in der Ukraine aus, und sehr schnell mussten die Polen vor der vorrückenden Roten Armee wieder den Rückzug antreten.

Als sich die Rote Armee den Grenzen des ethnischen Polen näherte, musste das Politbüro, das Führungsorgan der Kommunistischen Partei, eine Entscheidung treffen: Sollte die Rote Armee an der Grenze Halt machen oder ihren Vormarsch nach Westen fortsetzen? Die Meinungen waren geteilt, doch Lenin beharrte darauf, die Offensive fortzuführen. Wie zu diesem Zeitpunkt bereits üblich, setzte er seinen Willen durch. Sowohl Deutschland als auch England waren, so seine feste Überzeugung, reif für die Revolution, und wenn bewaffnete kommunistische Einheiten an ihren Grenzen aufmarschierten, würde das mit zu einem Ausbruch der Revolution beitragen. Im Sommer 1920 überschritt die von polnischstämmigen Politkommissaren begleitete Rote Armee die Grenze zu Volkspolen. In Aufrufen wurden die polnischen Arbeiter und Bauern aufgefordert, die Bourgeoisie und Gutsherren zu enteignen – Aufrufe, die sich in Russland als überaus wirksam bewährt hatten. Doch statt dem Schlachtruf der Invasoren zu folgen, eilten die Polen ungeachtet ihrer Klassenzugehörigkeit zur Verteidigung ihrer neu gewonnenen Souveränität. In der Schlacht um Warschau, eine der entscheidenden Schlachten der modernen Geschichte, bereiteten sie den kommunistischen Invasoren eine verheerende Niederlage.

Lenin konnte seine Verbitterung angesichts dieses Desasters nicht verbergen. »Die Polen erblickten in den Rotarmisten Feinde, nicht Brüder und Befreier«, klagte er.

> Sie fühlten, dachten und handelten keineswegs sozial, revolutionär, sondern national, imperialistisch. Die Revolution in Polen, mit der wir gerechnet hatten, blieb aus. Die Bauern und Arbeiter [...] verteidigten ihre Klassenfeinde, sie ließen unsere tapferen Rotarmisten verhungern, lockten sie in Hinterhalte und schlugen sie tot.[12]

Eine Konsequenz dieser Erfahrung war Lenins Beschluss, die Rote Armee nicht mehr als Instrument des Klassenkampfes im Ausland einzusetzen, sondern sich auf die Bereitstellung finanzieller und anderer Hilfeleistungen für revolutionäre Kräfte im Ausland zu beschränken.

Eine noch folgenschwerere Lektion, die Lenin aus dem polnischen Debakel zog, war die, dass die beste Aussicht, die Revolution in andere Länder zu tragen, darin bestand, einen weiteren Weltkrieg anzuzetteln, einen Weltkrieg, in dem Russland zunächst neutral bleiben und erst dann eingreifen sollte, wenn die Krieg führenden Länder sich verausgabt hatten. Eben aus diesem Grund initiierte Moskau 1921 eine geheime militärische Kooperation mit Deutschland.

III. STALIN UND DANACH

Im Mai 1922 erlitt Lenin seinen ersten Schlaganfall, und von diesem Zeitpunkt an ging es mit seiner Gesundheit stetig bergab. Obwohl sich ein Team deutscher Spezialisten um ihn kümmerte, zeigten sich keine Anzeichen der Besserung, und er musste sich nach und nach aus dem politischen Tagesgeschäft zurückziehen. In seinen letzten Tagen plagte ihn das Gefühl, gescheitert zu sein: Er war wütend auf seine Kampfgefährten und das gesamte russische Volk. Sie waren der historischen Rolle, die die Geschichte ihnen zugewiesen hatte, nicht gerecht geworden.

Von Zweifeln zerfressen, suchte er überall nach Feinden, die seine Pläne hintertrieben. Einmal waren es die Intellektuellen, die sich in ihrer überwältigenden Mehrheit gegen seine Diktatur wandten, ohne jedoch aktiv subversiv tätig zu werden. Im Juli 1922 instruierte er Stalin, »entschlossen alle S[ozial-]R[evolutionäre] ›auszumerzen‹ […] und ausnahmslos alle aus Russland zu verjagen […] Verhaftet ein paar Hundert, und zwar *ohne* ihnen die Gründe dafür zu nennen – ›Raus hier, meine Herren!‹« Entsprechend diesem Befehl trieb die Polizei Hunderte Ökonomen, Philosophen und andere den Sozialrevolutionären, den Menschewiki und den liberalen Parteien zugehörige Wissenschaftler zusammen, verfrachtete sie auf Schiffe und schickte sie ins Zwangsexil nach Westeuropa.

Als Nächstes kam die orthodoxe Kirche an die Reihe. Im Frühjahr 1922, Russland litt gerade unter einer Hungersnot, hielt Lenin die einmalige Gelegenheit für gekommen, zwei Fliegen mit einer Klappe zu schlagen: sich den Reichtum der Kirche unter dem Vorwand unter den Nagel zu reißen, damit die Hungersnot zu lindern, und für den – wahrscheinlichen – Fall eines

Widerstands seitens der Kirche der Bevölkerung seine Rücksichtslosigkeit zu demonstrieren. In einem Memorandum an das Politbüro schrieb Lenin:

> Jetzt, und nur jetzt, da es in den von der Hungersnot betroffenen Gebieten zu Kannibalismus kommt und die Wege mit Hunderten oder gar Tausenden von Leichen übersät sind, können (und müssen) wir die Beschlagnahme von kirchlichen Wertgegenständen mit grimmigster und erbarmungslosester Kraft durchführen [...] [und] uns [dadurch] ein Kapital im Wert von mehreren hundert Millionen Goldrubel beschaffen.[1]

Die aus Kirchen und Klöstern geraubten Wertgegenstände wurden aber nicht zur Linderung der Hungersnot verwendet, sondern für die Zwecke der Regierung.

Im März 1923 erlitt Lenin einen schweren Schlaganfall, der ihn seines Sprachvermögens beraubte. Am 21. Januar 1924 starb Lenin, ohne dass die Partei sich um die Nachfolge gekümmert hätte. Da die Partei ihren Mitgliedern gegenüber keine Rechenschaft schuldig war, konnte sie Kontinuität nur durch Kooptation gewährleisten. In die Lücke trat Generalsekretär Josef W. Stalin. Moderat in seinen öffentlichen Äußerungen und jovial im Auftreten, hatte er es verstanden, seine sadistische und paranoide Persönlichkeit zu verbergen, und sich in den Reihen der Partei eine beträchtliche Popularität erworben. Bereits in der (geheimen) Wahl zum Zentralkomitee der Partei im März 1919 hatte er (neben Nikolai Bucharin) mehr Stimmen als jeder andere Kandidat mit Ausnahme Lenins auf sich vereinigt, und weit mehr als der viel bekanntere Trotzki, der weithin als Lenins ausgemachter Erbe galt.

Zunächst tat sich Stalin mit Kamenjew und Sinowjew zusammen, den beiden anderen Mitgliedern der Troika, die während Lenins Krankheit die Partei geführt hatte, um ihren gemeinsamen Rivalen Trotzki kaltzustellen. Durch Verleumdung, Einschüchterung seiner Anhänger und ähnliche Winkelzüge gelang es ihnen, Trotzki seiner Posten zu entheben, ihn aus der Partei auszuschließen und schließlich ins Exil zu schicken: zunächst nach Zentralasien und schließlich, 1929, nach Mexiko, wo Stalin ihn 1940 ermorden ließ. Nachdem Trotzki keine Bedrohung mehr darstellte, schaltete Stalin Kamenjew und Sinowjew aus und sorgte dafür, dass sie aus dem Politbüro ausgeschlossen wurden. Die Fähigkeit seiner Opfer, sich gegen die fabrizierten Vorwürfe zu wehren, wurde weitgehend dadurch eingeschränkt, dass sie das Prinzip akzeptierten, dass »die Partei immer Recht hat«.

Auch wenn der exilierte Trotzki sich selbst gerne als Lenins Favorit und Stalin als jemanden darstellte, den Lenin verabscheut hatte, war der neue Generalsekretär ein getreuer Schüler und der rechtmäßige Erbe des Gründers Sowjetrusslands. Binnen ein, zwei Jahren nach Lenins Tod war Stalin der unumstrittene Führer der Partei. Nachdem er seine Machtbasis konsolidiert hatte, fühlte er sich bereit, die Kampagne zur Durchsetzung des Kommunismus weiterzuführen, die 1921 durch die Einführung der NEP unterbrochen worden war. Stalin verfolgte drei miteinander verbundene Ziele: den Aufbau einer mächtigen industriellen Basis, die Kollektivierung der Landwirtschaft und die Durchsetzung einer vollständigen nationalen Konformität. Diese ehrgeizigen Ziele stürzten das Land, das sich endlich von den Verheerungen des Ersten Weltkriegs, der Revolution und des Bürgerkriegs erholte, in eine neuerliche Krise. Stalin aber wusste, dass kommunistische Regime auf Krisen angewiesen sind, und war nicht weiter bekümmert.

> Allein Krisen erlaubten es den Autoritäten, von ihren Bürgern totale Unterwerfung und alle erforderlichen Opfer zu verlangen – und zu erhalten. Das System war auf Opfer und opferbereite Menschen für das Wohl der Sache und die Glückseligkeit zukünftiger Generationen angewiesen. Auf diese Weise ermöglichten es Krisen dem System, eine Brücke zwischen der fiktionalen Welt der utopischen Programme und der realen Welt zu schlagen.[2]

Der Niedergang des Systems setzte ein, als sich Stalins Nachfolger nach seinem Tod für Stabilität entschieden und die Bürger nicht länger die Notwendigkeit für die ihnen abverlangten Opfer einsahen.

Die Abkehr von der NEP nahm mit dem Beschluss des Parteikongresses im Dezember 1925 ihren Anfang, ein ehrgeiziges Programm der erzwungenen Industrialisierung durchzusetzen. Die Industrialisierung implizierte aus Gründen, die weiter unten ausgeführt werden, die Kollektivierung der Landwirtschaft. Da beide Ziele ungeheure Opfer voraussetzten, musste jede Opposition zum Verstummen gebracht werden. Der Stalinismus war demnach ein Programm aus einem Guss und konnte nur so lange überleben, wie alle seine Elemente intakt waren.

Was die Industrialisierung angeht, lautet ein marxistisch-leninistisches Axiom, ist eine sozialistische Gesellschaft auf eine industrielle Basis angewiesen. Da die russische Industrie sich aber in einem vergleichsweise rudimentären Entwicklungsstadium befand, war es erforderlich, die angestrebte industrielle Basis praktisch aus dem Nichts heraus aufzubauen. War dieses Ziel erst einmal erreicht, würde die Sowjetunion über eine international konkurrenzfähige Industrie und eine ausreichend große Arbeiterklasse und damit über die Voraussetzungen verfügen, ihren kapitalistischen Kontrahenten als gleichwertiger Gegner entgegenzutreten. Diese These war unbestritten, jedoch kam es über die Geschwindigkeit, mit der die Industrialisierung vorangetrieben wurde, auf höchsten Parteiebenen zu Unstimmigkeiten, bis Stalin ein Machtwort sprach und ohne Rücksicht auf die Folgen für die Menschen die Industrialisierung in einem halsbrecherischen Tempo vorantrieb.

Doch es gab noch einen weiteren Grund für die forcierte Industrialisierung, ein Grund, der damals so gut wie nie und auch seitdem nur selten erwähnt wurde: die Vorbereitung auf einen neuen Weltkrieg. Im Dezember 1927 verkündete Stalin, dass die »Imperialisten« für einen neuen Krieg und eine militärische Intervention gegen die UdSSR rüsteten. Gegen diese (imaginäre) Bedrohung gewappnet zu sein, setzte voraus, dass die Sowjetunion über eine leistungsfähige Rüstungsindustrie verfügte. Genau betrachtet zielte die Industrialisierung der Sowjetunion von Anfang an auf die Erfüllung militärischer Bedürfnisse ab.

Im Zentrum des ersten, 1929 ratifizierten Fünfjahresplans, der die gesamte Nationalökonomie einer Zentralverwaltung unterwarf, stand die Schwerindustrie: Eisen und Stahl, Kohle, Öl und der Schwermaschinenbau. Im Zentralplan wurden völlig überzogene Produktionsziele festgelegt, Planvorgaben, die erst recht nicht mehr erfüllt werden konnten, als Stalin 1931 Order gab, den Plan binnen drei Jahren zu erfüllen. Bis zum Jahr 1932 hatten sich die wichtigsten industriellen Kennziffern, die laut Zentralplan um 300 Prozent hätten zulegen sollen, verdoppelt, parallel zum industriellen Personalstand, der von drei Millionen auf 6,4 Millionen angestiegen war.

Mit der Aussicht auf einen deutlich höheren Lebensstandard gelang es der Regierung, die Bevölkerung für den »Aufbau des Sozialismus« zu begeistern – ein Versprechen, das sich für die russischen Verbraucher als ewige Schimäre erweisen sollte. Im Gegenteil, da die Finanzierung des Industrialisierungsfeldzugs die Reduzierung der Löhne auf ein Minimum voraussetzte, kam es zu einem drastischen Rückgang des Lebensstandards. 1933 betrug das durchschnittliche Realeinkommen der russischen Arbeiter ein Zehntel des Einkommens, verglichen mit dem Vorabend der forcierten Industrialisierung (1926/1927). Laut Alec Nove, einem auf die Sowjetökonomie spezialisierten Wissenschaftler, stellte das Jahr »1933 den Höhepunkt des drastischsten Rückgangs des Lebensstandards in Friedenszeiten seit Beginn der Geschichtsschreibung dar«.[3]

Um die Produktivität anzukurbeln, scheute sich Stalin nicht, traditionelle kapitalistische Methoden zur Motivationssteigerung einzusetzen. 1931 attackierte er das Prinzip des »Egalitarismus«, das gleiche Löhne für alle Arbeiter unabhängig von ihrer Kompetenz vorsah, als ein »ultralinkes« Konzept. Ein solches Vorgehen, legte er dar, führe nur dazu, dass unqualifizierte Arbeiter keinen Anreiz verspürten, irgendwelche Qualifikationen zu erwerben, während Facharbeiter so lange die Stelle wechselten, bis sie einen Arbeitgeber fanden, der ihre Fähigkeiten angemessen entlohnte. Da beides Verhaltensweisen waren, die zu Lasten der Produktivität gingen, wichen in der neuen Lohnskala die Einkommen der am wenigsten und der am höchsten qualifizierten Arbeiter stark voneinander ab.

Das Kapital für die Finanzierung der Industrialisierungskampagne stammte aus mehreren Quellen, darunter der Notenpresse (Erhöhung der Geldmenge), den Einnahmen aus einer Umsatzsteuer, dem Export von Nahrungsmitteln und Kunstwerken.

Der Großteil jedoch wurde den Bauern abgepresst, die sieben Jahrzehnte nach ihrer Befreiung praktisch wieder in den Status von Leibeigenen zurückversetzt wurden. Der endgültige Beschluss, mit der »Massenkollektivierung« fortzufahren, fiel Mitte 1929. Es war, um mit Stalin zu sprechen, notwendig geworden, das Land mit Hilfe der internen Akkumulation zu industrialisieren. Dies hieß, dass die Bauern die industrielle Arbeiterschaft, die Städte und die Streitkräfte zu Minimalpreisen mit Nahrungsmitteln versorgen mussten. Um von der Tatsache abzulenken, dass die weitaus meisten Opfer der Kollektivierung Klein- und Mittelbauern waren, stand die Eliminierung der ländlichen »Ausbeuter« im Zentrum der Propaganda, die die Kollektivierung begleitete.

Die Kollektivierung umfasste zwei Phasen: Die erste Phase bestand aus der »Liquidierung des Kulakentums als Klasse«, mit anderen Worten ihrer physischen Vernichtung, die zweite aus der Zerstörung der bäuerlichen Gemeinschaften und der Beendigung jeglicher bäuerlichen Unabhängigkeit. Die Bauern mussten Kollektivfarmen (Kolchosen) beitreten, in denen sie nicht für sich selbst, sondern für den Staat arbeiteten. Die Zwangskollektivierung des Bauerntums, in deren Folge drei Viertel der russischen Bevölkerung praktisch zu »Leibeigenen« des Staates gemacht wurden, stellte eine in der bisherigen Geschichte beispiellose Revolution von oben dar.

Den Kulaken – der Begriff wurde auf besser gestellte Bauern ebenso angewandt wie auf Bauern, die sich der Kollektivierung aktiv widersetzten – wurde ihr gesamtes Besitztum weggenommen, sie selbst in Arbeitslager oder, zusammen mit ihren Familien, ins sibirische Exil deportiert. Laut offiziellen Statistiken wurden allein 1930 und 1931 über 1,8 Millionen Bauern in Arbeitslager oder nach Sibirien transportiert. Von denen, denen dieses Schicksal erspart blieb, fielen Schätzungen zufolge bis zu 30 Prozent dem Hunger- oder dem Kältetod zum Opfer.[4] Und von den Überlebenden konnten sich schätzungsweise 400 000 in die Städte und Industriezentren durchschlagen und dort ein zumindest vorläufiges Zuhause finden.

Die »Mittel-« und »Kleinbauern« mussten alles, was sie besaßen, an die Kolchosen abgeben, auch ihre Arbeitsgeräte und ihr Vieh – das heißt von Letzterem, was davon noch übrig war, nachdem viele ihr Vieh geschlachtet hatten, statt es dem Staat zu überlassen. Die kollektivierten Bauern in den Kolchosen mussten pro Jahr eine vorgegebene Anzahl Tage für in Geld und Getreide ausgezahlte Minimallöhne arbeiten, um die vom Staat festgesetzten Abgabenormen zu erfüllen. Der Staat kaufte das Getreide der Kolchosen zu Spottpreisen auf und verkaufte es mit einem Profit von mehreren 100 Prozent in Form von Mehl und Brot an die Verbraucher weiter. Bauern, die die Norm nicht erfüllten, mussten hungern. Wer aus schierer Not heraus Lebensmittel stahl, wurde als Schwerverbrecher behandelt: Laut einem berüchtigten Dekret vom August 1932 wurde »jeder Diebstahl von sozialistischem Eigentum« (das heißt von Eigentum der Kommunistischen Partei), ein Delikt, worunter auch der Diebstahl von ein paar Kornähren fiel, mit dem Tod oder mit zehn Jahren Zwangsarbeit geahndet. In den ersten 16 Monaten nach Erlass des Gesetzes wurden über 12 000 Bauern wegen dieses Vergehens verurteilt, 5400 davon zum Tod.[5] Da die Bauern an Naturalien von den Kolchosen ausschließlich Getreide erhielten, erlaubte die Regierung den Kolchosebauern

1935, auf Privatparzellen von etwa einem halben Hektar Größe pro Familie Gemüse und Früchte für den Eigenbedarf und für den Verkauf auf staatlich kontrollierten Kolchosemärkten anzubauen. Sie durften auch Kühe und Kleinvieh halten, jedoch keine Pferde. Auf diesen Privatparzellen, die ungefähr fünf Prozent der gesamten landwirtschaftlichen Nutzfläche ausmachten, wurde ein Großteil der landwirtschaftlichen Erzeugnisse und des Fleisches erzeugt.

Die Kollektivierung bedeutete für die Bauern einen Rückfall noch hinter den Status, den sie vor 1861 als Leibeigene innegehabt hatten. Als Leibeigene hatte ihnen (wenn auch nicht in der Theorie, so doch in der Praxis) ihr Vieh und ihre Ernte gehört. Die Bauern auf den Kolchosen waren nichts anderes als Sklavenarbeiter, die für ihre harte Arbeit gerade das zum Überleben Notwendige erhielten; 1935 verdiente der durchschnittliche Bauernhaushalt für seine Arbeit auf der Kolchose 247 Rubel im Jahr, gerade einmal genug, um ein Paar Schuhe zu kaufen.[6]

Die Kollektivierung der Landwirtschaft sei, so gab Stalin immer wieder vor, auf freiwilliger Basis durchgeführt worden, in Wahrheit jedoch bediente sich die Regierung brutaler Gewalt, um ihren Willen durchzusetzen. Gegenüber Churchill sagte Stalin später, dass die Kollektivierung, die rund drei Jahre in Anspruch nahm, eine »größere Anstrengung« als der Zweite Weltkrieg dargestellt habe. Wenn es für ihn schon so anstrengend gewesen war, um wie viel mehr muss das auf die Leidtragenden der Kollektivierung zugetroffen haben? Um den Widerstand der Bauern in der Ukraine, dem Nordkaukasus und in Kasachstan zu brechen, sorgte Stalin dafür, dass in diesen Gebieten 1932 und 1933 eine künstliche Hungersnot ausbrach. Dazu ließ er aus manchen Provinzen sämtliche Nahrungsmittel abtransportieren und entsandte die Armee mit dem Auftrag, die hungernden Bauern davon abzuhalten, auf der Suche nach Nahrung in andere Regionen zu ziehen. Man schätzt, dass dieser bewusst ausgelösten Hungerkatastrophe zwischen sechs und sieben Millionen Menschen zum Opfer fielen.[7] Besonders brutal ging das Regime gegen die nomadischen Kasachen in Zentralasien vor: Schätzungen zufolge fielen der Hungersnot und den Repressalien bis zu einem Drittel der kasachischen Bevölkerung zum Opfer.[8]

Die Kollektivierung, die im Prinzip darauf hinauslief, den Bauern das, was sie produzierten, wegzunehmen und auf die Städte und Industriezentren zu verteilen, erfüllte ihr kurzfristiges Ziel, einen Großteil des Industrialisierungsfeldzugs zu finanzieren. Auf lange Sicht jedoch zeitigte die Kollektivierung verheerende Konsequenzen: Sie ruinierte die russische Landwirtschaft, einmal dadurch, dass gerade die produktivsten Bauern deportiert wurden, zum andern, indem den Kolchosebauern jeder Anreiz genommen wurde, das Land, dessen Erträge ihnen nicht mehr gehörten, effizienter zu bebauen. Russland, das vor der Revolution zu den weltweit größten Getreideexporteuren gezählt hatte, war nun kaum mehr in der Lage, sich selbst zu versorgen.

Bis 1934, 1935 war das Schlimmste überstanden. Die Lebensmittelrationierung wurde aufgehoben und Stalin verkündete: »Das Leben ist fröhlicher geworden, Kameraden, das Leben ist lustiger geworden.« Doch damit war es bald schon wieder vorbei: Das Regime brauchte eine neue Krise zur Rechtfertigung seiner despotischen Macht. Und es brauchte Feinde. Fidel Castro, der Führer der kubanischen Kommunisten, sollte das später mit einer Offenheit auf den Punkt bringen, die seine russischen Mentoren zu vermeiden versuchten: »Die Revolution braucht den Feind [...] Die Revolution braucht für ihre Entwicklung ihre Antithese, und diese ist die Konterrevolution.«[9]

1934 fiel ein prominenter Bolschewik, der Sekretär der Leningrader Parteiorganisation Sergej Kirow, einem Attentat zum Opfer; obwohl die Umstände des Attentats niemals ganz geklärt wurden, deuten etliche Indizien auf Stalin als Drahtzieher des Mordes hin. Kirow war zwar ein überzeugter Stalinist – noch kurz vor seinem Tod hatte er Stalin als den »großen Strategen der Befreiung der Werktätigen in unserem Land und auf der ganzen Welt« gepriesen –, doch er war in den Reihen der Partei für Stalins Geschmack allzu populär geworden. Das Attentat auf Kirow nutzte Stalin gleich zweifach: Zum einen wurde damit ein potenzieller Rivale aus dem Weg geräumt, zum anderen lieferte es ihm den Vorwand für einen massiven Vernichtungsfeldzug gegen angebliche antisowjetische Konspiratoren, in dessen Verlauf er die ihm von Lenin vererbten Spitzenkader eliminieren konnte. Die so genannten Säuberungen der dreißiger Jahre des 20. Jahrhunderts stellten eine Terrorkampagne dar, die von ihrer willkürlichen Brutalität und der Zahl der Opfer her in der Geschichte ohne Beispiel war – penibel überwacht von Stalin, der in seinen Instruktionen an die lokalen Behörden stets dieselbe Verhörmethode anordnete: Schlagt sie, bis sie Verbrechen gestehen, die sie nicht begangen haben.

Was dies in der Praxis bedeutete, können wir einem Brief entnehmen, den eines der zahllosen Opfer des »Großen Terrors«, Wsewolod Meyerhold, an Stalins engen Vertrauten Wjatscheslaw Molotow schickte. Meyerhold, ein führender russischer Theaterproduzent und Parteimitglied seit den frühesten Jahren des Regimes, wurde 1939 ohne erkennbaren Anlass zum »Volksfeind« erklärt und verhaftet. Er schrieb:

Als die Untersuchungsbeamten begannen, mich physischer Methoden zu unterziehen, schlugen sie mich, einen kranken, alten Mann von 65 Jahren. Sie drückten mich mit dem Gesicht nach unten auf den Boden; sie schlugen mit einer Gummipeitsche auf meine Fersen und meinen Rücken. Wenn ich auf einer Bank saß, prügelten sie mit derselben Gummipeitsche und mit ganzer Kraft von oben herab auf mich ein. In den folgenden Tagen, als sich an diesen Teilen meiner Beine starke Blutergüsse bildeten, schlugen sie mit derselben Gummipeitsche auf ebendiese rot, blau und gelb verfärbten, eingebluteten Stellen. Der Schmerz war so stark, dass es mir schien, als würden sie kochend heißes Wasser auf diese kranken, wunden Stellen gießen, und ich schrie und brüllte vor Schmerzen. Sie schlugen meinen Rücken mit diesem Gummi; sie schlugen mir mit der Hand ins Gesicht, wobei sie von oben ausholten […] Das kombinierten sie mit einem so genannten psychischen Angriff. Das eine wie das andere löste in mir eine solch monströse Angst aus, dass meine Persönlichkeit bis auf ihr Allerinnerstes entblößt wurde […] Mit dem Gesicht nach unten auf dem Boden liegend, zuckte ich, verkrampfte mich und heulte wie ein Hund, der von seinem Herrn mit der Leine geschlagen wird […]
Ich legte mich auf mein Feldbett und fiel in einen Schlaf, doch nur, um eine Stunde später erneut zum Verhör geführt zu werden, das zuvor bereits 18 Stunden gedauert hatte, aus dem Schlaf gerissen von Stöhnen und dadurch, dass ich mich wie ein Mann, der an Fieber stirbt, auf dem Feldbett hin und her gewälzt hatte. »Der Tod (ja, natürlich!), der Tod ist leichter als das!«, sagte einer

> der Verhörten zu sich selbst. Auch ich selbst sagte mir dies. Und ich fing an, mich selbst zu belasten in der Hoffnung, dass sie mich zum Galgen führen würden [...][10]

Nachdem Meyerhold, wie gewünscht, ein Geständnis abgelegt hatte, erhörten die Peiniger sein Flehen und ließen ihn exekutieren.

Der Große Terror wütete unter Parteimitgliedern ebenso wie unter gewöhnlichen Bürgern. Auf dem Höhepunkt der Terrorwelle, 1937 und 1938, wurden mindestens 1,5 Millionen Menschen, von denen die weitaus meisten selbst nach kommunistischen Kriterien keines Vergehens schuldig waren, vor Troikas gezerrt, Tribunale, die mit dem Ersten Sekretär der regionalen Parteiorganisation, dem Prokurator und dem lokalen Chef der Sicherheitspolizei besetzt waren. Nach summarischen Verhandlungen, die häufig nicht länger als ein paar Minuten dauerten und gegen die keine Berufung eingelegt werden konnte, wurden die Angeklagten entweder zum Tod, zum Straflager oder zur Verbannung verurteilt. Politische Abstinenz garantierte ebenso wenig Sicherheit vor Verfolgung wie absolute Linientreue gegenüber dem Regime. Auf der Höhe des Terrors gab das Politbüro »Quoten« an die Polizeibehörden aus, die festlegten, welcher Prozentsatz der Bevölkerung in ihrem Bezirk hingerichtet und welcher Prozentsatz in Straflager geschickt werden sollte. Am 2. Juni 1937 beispielsweise legte das Politbüro für die Stadt Moskau und die Provinz Moskau eine Quote von 35 000 »festzunehmenden« Personen fest, von denen 5000 zu erschießen waren.[11] Einen Monat später gab das Politbüro für jede Region Quoten für Menschen aus, die landesweit »zusammengetrieben« werden sollten; 70 000 davon, so die Anweisung, sollten ohne Verhandlung hingerichtet werden.[12] Viele der Opfer des Großen Terrors waren Leute mit höherer Bildung, die als schwierig zu beherrschen galten und denen eine Neigung zu »Sabotageakten« unterstellt wurde.

Wie sehr der Große Terror in den Reihen der Parteielite wütete, lässt sich an dem Umstand ermessen, dass von den 139 Delegierten des XVII. Parteikongresses von 1934, die ins Zentralkomitee gewählt oder zur Wahl vorgeschlagen worden waren, 70 Prozent später exekutiert wurden.[13] Sämtliche engen Verbündeten Lenins, darunter auch Sinowjew und Kamenjew, wurden verhaftet und gefoltert. Nachdem man sie geistig und körperlich gebrochen hatte, wurden sie gezwungen, sich auf inszenierten »Prozessen« der abscheulichsten Verbrechen schuldig zu bekennen, angefangen von Spionage über Terrorakte bis hin zu Versuchen, den »Kapitalismus« wieder einzuführen; anschließend wurden sie entweder exekutiert oder in Straflager geschickt, aus denen die wenigsten lebend zurückkehrten. In seinem so genannten Testament führte Lenin sechs führende Kommunisten als potenzielle Nachfolger auf, eine Auszeichnung, die bis auf einen – Stalin – keiner überleben sollte. Der Historiker und frühere Sowjetgeneral Dmitrij Wolkogonow war nach eigener Aussage »tief erschüttert«, als er in den Archiven für einen einzigen Tag, den 12. Dezember 1938, dreißig Listen fand, auf denen die Namen von 5000 Personen aufgeführt waren, deren Todesurteile Stalin unterzeichnet hatte, obwohl gegen sie noch gar kein offizielles Verfahren eröffnet worden war. Nachdem Stalin die Todesurteile unterzeichnet hatte, begab er sich in sein privates Kino im Kreml und genoss dort zwei Filme, einer davon eine Komödie mit dem Titel *Lustige Gesellen* (russischer Originaltitel: *Wesjolje Rebjata*).[14]

Auf die eine oder andere Weise war der Großteil der russischen Bevölkerung gezwungen, als Informanten Freunde und

Bekannte zu denunzieren und somit an dieser Orgie der Vernichtung teilzunehmen; das Versäumnis, »subversive« Gespräche zu melden, war gleichbedeutend mit Subversion. In dieser Atmosphäre blieb kein Platz für Dinge wie Loyalität oder Aufrichtigkeit. Ein russischer Witz aus der Zeit definierte einen anständigen Sowjetbürger ganz zutreffend als jemanden, der sich wie ein Schwein verhält, es aber nicht genießt.

Den Massakern von 1937/1938 fielen praktisch alle »Altbolschewiki« in der Partei zum Opfer, deren vakante Positionen von jüngeren Kommunisten eingenommen wurden. 1939 waren 80,5 Prozent der Funktionäre der Kommunistischen Partei der Sowjetunion erst nach Lenins Tod der Partei beigetreten.[15] Aus ihren Reihen rekrutierten sich die führenden Beamten und Funktionäre in Partei und Regierung, die so genannte *Nomenklatura*, die nicht nur alle Machtpositionen monopolisierte, sondern auch in den Genuss exklusiver Privilegien kam und somit eine neue, ausbeutende Klasse darstellte. Die Zugehörigkeit zur *Nomenklatura* garantierte einen permanenten Status und wurde *de facto* vererbbar. Zum Zeitpunkt des Zusammenbruchs der Sowjetunion zählte die *Nomenklatura* rund 750 000 Mitglieder. Rechnet man ihre Familienangehörigen hinzu, kommt man auf rund drei Millionen Menschen oder 1,5 Prozent der Gesamtbevölkerung, was ungefähr dem Bevölkerungsanteil des Adels unter dem Zarismus im 18. Jahrhundert entspricht. Auch die Vergünstigungen, die ihnen gewährt wurden, glichen jenen des Adels von damals. In den Worten eines Angehörigen dieser Schicht:

> Die Nomenklatura ist ein anderer Planet. Sie ist der Mars. Damit meine ich nicht nur gute Autos oder Wohnungen. Ich meine auch die beständige Befriedigung der

> eigenen Launen, so wie eine Armee von Stiefelleckern es dir erlaubt, ohne jede Anstrengung stundenlang zu arbeiten. All die kleinen Apparatschiks stehen bereit, alles für dich zu tun. Jeder deiner Wünsche wird erfüllt. Wenn dir danach ist, kannst du ins Theater gehen oder dich aus deiner Jagdhütte nach Japan fliegen lassen. Es ist ein Leben, in dem alles ganz leicht und fließend geht [...] Du bist wie ein König: Ein Fingerzeig von dir, und es ist so gut wie getan.[16]

Diesem Elitekorps standen die einfachen Parteimitglieder als Diener bereit, jene »Stiefellecker«, deren Zahl unter Stalin enorm angeschwollen war.

Dem Großen Terror entging auch die Rote Armee nicht: Drei ihrer fünf Marschälle wurden »liquidiert«, dasselbe Schicksal erlitten 13 der 15 Generäle, und von neun Admirälen der Marine überlebte gerade einmal einer. Selbst unter den ausländischen Kommunisten, die in der Sowjetunion Zuflucht gesucht hatten, wütete Stalins Terror. Besonders hart jedoch traf es die Kirche: In den Jahren 1937 und 1938 wurden 165 200 Kirchendiener wegen des Verbrechens, ihre Religion ausgeübt zu haben, verhaftet, 106 800 davon wurden exekutiert.[17] Praktisch alle religiösen Einrichtungen wurden geschlossen.

Ebenso wenig machte die Terrormaschinerie vor ihren eigenen Verwaltern halt. So fiel Nikolai Jeschow, Stalins Himmler, der als Leiter des NKWD den Massenmord zwischen 1936 und 1938 organisiert hatte, aus irgendeinem Grund bei seinem Meister in Ungnade. Stalin ließ ihn seines Amtes entheben, ins Gefängnis werfen und 1939 hinrichten.

Schon eine unachtsame Bemerkung oder die Denunziation durch einen persönlichen Feind reichte aus, und einfache Bürger wurden verhaftet und verschwanden. Angst und Misstrauen in geradezu pathologischem Ausmaß erfassten die Bevölkerung, eine Paranoia, vor der auch höchste Funktionäre nicht gefeit waren. Nikolai Bulganin, unter Stalin stellvertretender Ministerpräsident der UdSSR, berichtete Nikita Chruschtschow, dass Stalin hin und wieder seine Getreuen zu sich einlud. »Und dann sitzt man mit Stalin zusammen und weiß nicht«, erzählte Bulganin, »wohin man als Nächstes geschickt wird: nach Hause oder ins Gefängnis.« Andrej Gromyko, Außenminister und Stalins loyaler Assistent, berichtete, dass unter Stalin niemals zwei oder mehr Mitglieder des Politbüros gemeinsam in einem Auto fuhren, aus Angst, der Konspiration verdächtigt zu werden. Die Angst und das Misstrauen überlebten Stalin, hatten sich zu einem festen Bestandteil des Systems entwickelt. Michail Gorbatschow, der letzte Führer der Sowjetunion, erinnerte sich daran, wie er einmal seinen Patron und Nachbarn Jurij Andropow, zu der Zeit Leiter des KGB, zum Essen einlud. Andropow riet ihm, zu seinem eigenen Besten, diese Idee wieder fallen zu lassen, da »sonst alle möglichen Gerüchte aufkommen würden; wer, wo, warum, was gesprochen wurde«.

Laut den seit der Auflösung der Sowjetunion veröffentlichten Akten aus den Geheimarchiven (deren Angaben manche Experten noch für untertrieben halten), wurden 1937 und 1938, den beiden Jahren, in denen der Große Terror seinen Höhepunkt erreichte, von den Sicherheitsorganen 1 548 366 Personen auf Grund angeblicher »antisowjetischer Aktivitäten« verhaftet. Davon wurden 681 692 exekutiert – im Durchschnitt der beiden Jahre also 1000 Exekutionen pro Tag. Die Mehrheit der Überlebenden landete in Arbeitslagern.[18] (Zum Vergleich: Unter dem zaristischen Regime wurden zwischen 1825 und 1910 insgesamt 3932 Personen wegen politischer Verbrechen hingerichtet.) Als 1941 die Deutschen die UdSSR überfielen, saßen in den vom Gulag, dem zentralen Verwaltungsorgan, betriebenen Lagern 2 350 000 Häftlinge ein, das entspricht 1,4 Prozent der Gesamtbevölkerung.[19] Die Sklavenarbeiter, die vorzugsweise zu großen Bauprojekten oder zum Holzfällen im hohen Norden herangezogen wurden, erfüllten mit ihrer Arbeit wichtige ökonomische Funktionen. Keiner der für diese Verbrechen gegen unschuldige Menschen verantwortlichen Funktionäre wurde nach dem Zusammenbruch der Sowjetunion zur Rechenschaft gezogen; selbst die öffentliche Nennung und die damit verbundene moralische Ächtung blieb ihnen erspart und sie konnten ein ganzes normales Leben weiterführen.

Betrachtet man die Volkszählungen von damals, stellt man fest, dass zwischen 1932 und 1939 – also nach der Kollektivierung, aber vor dem Zweiten Weltkrieg – die Bevölkerung der Sowjetunion um neun bis zehn Millionen Einwohner zurückging.[20]

Die Orgie der Zerstörung zu Zeiten des Großen Terrors sperrt sich rationalen Erklärungsversuchen. Ein Witz aus der damaligen Zeit charakterisiert das treffend: Ein neuer Häftling kommt in einem Straflager an und wird gefragt, wie lange er sitzen muss. »25 Jahre«, antwortet er. »Wofür?« – »Für nichts.« – »Unmöglich«, wird ihm beschieden. »Für nichts gibt es zehn Jahre.«

Wenn man sich fragt, wie eine Regierung ihrer eigenen Bevölkerung eine solche Verheerung antun konnte, muss man bedenken, dass für die kommunistischen Revolutionäre, in Russland und anderswo, die Menschen, so wie sie waren, nur ein Zerrbild dessen darstellten, was der Mensch werden konnte, sollte und musste – eine im Marxismus tief verwurzelte Sichtweise. Marx schrieb einmal:

> Das jetzige Geschlecht gleicht den Juden, die Moses durch die Wüste führt. Es hat nicht nur eine neue Welt zu erobern, es muss untergehen, um den Menschen Platz zu machen, die einer neuen Welt gewachsen sind.[21]

Zwar riefen weder Marx noch Engels ihre Anhänger zum Massenmord auf, doch die Lebenden auf dem Altar der noch ungeborenen Generationen zu opfern, dazu waren sie bereit.

Und das Warten auf diese Generationen erschien lohnenswert, denn der »neue Mensch« des Kommunismus, den Trotzki in seinem Buch *Literatur und Revolution* porträtierte, würde ganz anders sein als jede bekannte Kreatur:

> Der Mensch wird endlich darangehen, sich selbst zu harmonisieren [...] Er wird den Willen verspüren, die halb bewussten und später auch die unterbewussten Prozesse im eigenen Organismus, Atmung, Blutkreislauf, Verdauung und Befruchtung, zu meistern, und wird sie in den erforderlichen Grenzen der Kontrolle durch Vernunft und Willen unterwerfen [...] Das Menschengeschlecht, der erstarrte *Homo sapiens*, wird erneut radikal umgearbeitet und – unter seinen eigenen Händen – zum Objekt kompliziertester Methoden der künstlichen Auslese und des psychophysischen Trainings werden [...] Der Mensch wird sich zum Ziel setzen [...], einen höheren gesellschaftlich-biologischen Typus, und wenn man will – den Übermenschen zu schaffen [...]
>
> Der Mensch wird unvergleichlich viel stärker, klüger und feiner; sein Körper wird harmonischer, seine Bewegungen werden rhythmischer und seine Stimme wird musikalischer werden [...] Der durchschnittliche Men-

> schentyp wird sich bis zum Niveau des Aristoteles, Goethe und Marx erheben. Und über dieser Gebirgskette werden neue Gipfel aufragen.[22]

Rechtfertigte ein solches Ideal nicht, die armseligen Wesen zu opfern, die die alte, korrupte Welt bevölkerten? Von dieser Warte aus betrachtet, war die existierende Menschheit Schutt, Auswurf einer zum Untergang verdammten Welt, und sie zu töten war kein Verbrechen.

Die bis dahin einmalige Vernichtung von Leben ging einher mit einem entschlossen geführten Feldzug gegen die freie Meinungsäußerung, dessen Ziel lautete, die Illusion einer vollständigen Meinungsgleichheit zu erzeugen: Nicht nur die Körper der Menschen wurden eingesperrt oder vernichtet, auch ihr Geist wurde enteignet. Schon Lenin hatte keinen Respekt vor dem Recht, Meinungen, die von der seinen abwichen, frei äußern zu dürfen. In seinem allerersten Dekret nach der Machtübernahme ordnete er die Schließung der gesamten nichtbolschewistischen Presse an, er war damals aber noch nicht mächtig genug, diese Maßnahme auch durchzusetzen. Im Sommer 1918 jedoch ließ er nicht nur alle unabhängigen Zeitungen schließen, sondern gleich auch noch die gesamte, nicht der Partei zugehörige Wochen- und Monatspresse. Vier Jahre später, 1922, richtete er eine zentrale Zensurbehörde ein, die so genannte Glawlit. Ohne die Imprimatur der Zensurbehörde durfte nichts gedruckt oder auf der Bühne erscheinen.

Nichtsdestotrotz wurde in den zwanziger Jahren des 20. Jahrhunderts noch ein gewisses Maß an intellektueller Freiheit toleriert. Wie die zaristische Zensur war die frühe sowjetische Zensur insoweit passiv orientiert, als dass sie festlegte, was nicht publiziert werden durfte. Sie versuchte jedoch nicht, den Autoren vorzuschreiben, was sie zu schreiben hätten. Bereits zehn Jahre später änderte sich das: Die Zensurbehörde verfolgte eine aktive Zensurpolitik, das heißt, sie gab den Autoren vor, was sie schreiben sollten – und mussten. Negative Informationen über die Sowjetunion wurden unterdrückt, es sei denn, ihre Veröffentlichung kam den Interessen der Partei entgegen. In den Genuss von Auslandsreisen kamen nur Staatsbedienstete; gewöhnliche Bürger, die Kontakt mit Ausländern hatten, riskierten, der Spionage beschuldigt zu werden. Abgesehen von prokommunistischen Publikationen durften im Land keinerlei ausländische Druckerzeugnisse vertrieben werden.

Über das kulturelle Leben in der Sowjetunion senkte sich der Mantel der Uniformität. Der »sozialistische Realismus«, 1932 zur offiziellen ästhetischen Doktrin erhoben, forderte die Künstler auf, die Gegenwart so zu behandeln, als »existiere sie nicht, und die Zukunft, als sei sie bereits Wahrheit geworden«.[23] Das, was gedruckt, aufgeführt, gefilmt oder gesendet wurde, korrespondierte nicht mehr mit der Realität, es geriet zur Surrealität. Die Menschen versuchten, sich dieser »Realität« durch eine Spaltung ihres Denkens und Handelns anzupassen, erzeugten in sich eine bewusste Schizophrenie, auf deren einer Ebene sie die Wahrheit kannten, jedoch unterdrückten und nur mit ihren engsten Freunden und Verwandten teilten, während sie auf der anderen Seite vorgaben, jedes Wort der offiziellen Propaganda zu glauben. Dieser kontinuierliche psychische Druck führte dazu, dass das Leben in der Sowjetunion zusehends unerträglich wurde.

Die Folgen dieses Drucks sind in Russland auch heute, nach dem Ende des Kommunismus, noch spürbar. Das Lügen entwickelte sich zu einer Methode des Überlebens, und vom Lügen zum Betrügen war es nur ein kleiner Schritt. Der soziale Ethos, Grundlage der Zivilgesellschaft, wurde untergraben. Das Regime, das davon geträumt hatte, dass seine Bürger ihren privaten Vorteil zu Gunsten des Allgemeinguts opfern würden, schuf eine Situation, in der jeder nur nach sich selbst schaute, da er niemandem trauen konnte.

Ein zentraler Aspekt des Großen Terrors war der Kult, der um Stalin betrieben wurde. Der, wie er später genannt wurde, Stalinkult bezeichnete nichts weniger als die Deifikation, die Vergottung Stalins: Stalin war omnipotent, omnipräsent, allwissend, unfehlbar, und das blieb er bis zu seinem Tod 1953. Kritisierte er eine neue Oper, kuschte der Komponist. Äußerte er sich zur Linguistik, nickten die Philologen ergeben mit dem Kopf. Auf den Parteikongressen wetteiferten die Deputierten darum, sich in ihren Lobreden auf den »Führer« gegenseitig zu übertrumpfen, während er bescheiden am Rande saß und die Huldigungen entgegennahm. Ossip Mandelstam, weithin als einer der größten russischen Poeten des 20. Jahrhunderts anerkannt, büßte für ein Gedicht, in dem er unter anderem folgende Zeilen schrieb, mit seinem Leben:

Seine Finger wie Maden so fett und so grau,
Seine Worte wie Zentnergewichte genau.
Lacht sein Schnauzbart dann – wie Küchenschaben;
Und sein Stiefelschaft glänzt hocherhaben.
Um ihn her – seine Führer, die schmalhalsige Brut,
Mit den Diensten von Halbmenschen spielt er, mit Blut.
Einer pfeift, der miaut, jener jammert,
Doch nur er gibt den Ton – mit dem Hammer.
Und er schmiedet, der Hufschmied, Befehl um Befehl –
In den Leib, in die Stirn, dem ins Auge fidel.

Jede Hinrichtung, schmeckt ihm – wie Beeren;
Diesem Breitbrust-Osseten zu Ehren.[24]

Eine mögliche Erklärung für die den meisten kommunistischen Regimen gemeinsame Vergottung ihrer Führer ist darin zu sehen, dass, insoweit Allmacht und Allwissenheit universelle Eigenschaften göttlicher Wesen darstellen, es naturgemäß ist, mit diesen Eigenschaften ausgestatteten Individuen göttliche Qualitäten zuzuweisen.

Die kritiklose Verehrung führte dazu, dass Stalin zusehends den Kontakt zur Realität verlor. Umgeben von Speichelleckern wusste er nicht, wie es um sein Reich wirklich bestellt war. Aus Angst vor Anschlägen vermied er längere Reisen und formte sein Bild des Lebens in der Sowjetunion nach speziell vorbereiteten Filmen, in denen, wie sein Adlatus und späterer Nachfolger Nikita Chruschtschow berichtete, Kolchosearbeiter an Tischen saßen, die sich »unter dem Gewicht der aufgetischten Truthähne und Gänse beugten«.

Die einzige Institution, die über die wahren Zustände in der Sowjetunion Bescheid wusste, war die Sicherheitspolizei, die sukzessive unter den Bezeichnungen Tscheka (1917–1922), GPU beziehungsweise OGPU (1922–1934), NKWD (1934–1954) und KGB (1954–1991) firmierte. Als das hauptsächliche Organ des Terrors genoss die Sicherheitspolizei große Freiheit darin, wie Feinde des Regimes, ob nun reale, potenzielle oder vermeintliche, zu beseitigen waren. Darüber hinaus betrieb sie das gewaltige Imperium der Arbeitslager. Nachdem alle unabhängigen Organe der öffentlichen Meinungsäußerung zum Schweigen gebracht worden waren, verließ sich die Regierung auf die Sicherheitspolizei und deren weit verzweigtes Netz an Agenten und Informanten, um sich ein Bild über die Stimmung im Lande zu verschaffen. In den letzten Jahren von Stalins Herrschaft usurpierten die Sicherheitsorgane einen beträchtlichen Teil der Machtbefugnisse, welche Lenin der Kommunistischen Partei übertragen hatte.

Stalin war der erste Kommunist, der das politische Potenzial des russischen Nationalismus erkannte und für seine Zwecke einsetzte. Der Marxismus betrachtete den Nationalismus in allen seinen Ausprägungen als ein Instrument, mit dem die Bourgeoisie die Massen von ihrer wahren Bestimmung, dem Klassenkampf, ablenkte. Lenin selbst zeigte keinerlei nationalistische Regungen. Für sein eigenes Volk, das er in privaten Gesprächen gelegentlich mit so wenig schmeichelhaften Begriffen wie »sowjetische Pfuscher und Geiferer« titulierte, empfand er größtenteils Verachtung. Gegenüber dem Schriftsteller Maxim Gorki äußerte er einmal die Ansicht, dass »ein intelligenter Russe fast immer entweder ein Jude oder jemand mit jüdischem Blut in den Adern ist«.[25]

Ganz anders der Antisemit Stalin. Der enge Kontakt zu den Kadern überzeugte ihn davon, dass Nationalismus und Fremdenfeindlichkeit in Russland auf einen weit fruchtbareren Nährboden fielen als die nebulösen Ideale des internationalen Kommunismus. Folgerichtig fing er – zunächst vorsichtig, später jedoch mit zunehmender Ungeniertheit – an, sich mit dem russischen Chauvinismus zu identifizieren. Durch Maßnahmen wie die systematische Entfernung von Juden aus Regierungspositionen arbeitete er gezielt darauf hin, der damals in Russland und im Ausland weit verbreiteten Ansicht entgegenzuwirken, dass der Kommunismus den Interessen einer weltweiten jüdischen Konspiration diente. Während seiner Allianz mit Hitler versprach er dem deutschen Außenminister von Ribbentrop, alle Juden aus führenden Positionen zu entfernen, sobald geeigneter Ersatz für sie gefunden sei.[26] Und noch kurz vor seinem Tod plante er die Deportation der gesamten jüdischen Bevölkerung Russlands nach Sibirien.

Nach Hitlers Machtergreifung ordnete Stalin 1934 eine komplette Kehrtwende der Parteilinie hinsichtlich des russischen Patriotismus an. Die bislang verfemte Vaterlandsliebe wurde nun aktiv gefördert, und im bis dahin in bester marxistischer Tradition auf den Klassenkampf ausgerichteten Geschichtsunterricht rückten die Errungenschaften Russlands in Krieg und Frieden in den Vordergrund. Zum Zeitpunkt von Stalins Tod hatte sich der Sowjetkommunismus im russischen Nationalismus aufgelöst: Das Prestige des Regimes beruhte auf seinem Sieg im Zweiten Weltkrieg und der Tatsache, dass es die Sowjetunion mit Hilfe des Interkontinentalraketen- und Weltraumprogramms in den Status einer der Vereinigten Staaten ebenbürtigen Weltmacht erhoben hatte. Bis heute leitet sich das, was die Russen der Sowjetunion an nostalgischen Gefühlen entgegenbringen, nicht aus ihren innenpolitischen Errungenschaften, das heißt dem Kommunismus, ab, sondern so gut wie ausschließlich aus der Erinnerung daran, wie gut man sich gefühlt hatte, als man von anderen Nationen noch respektiert und gefürchtet wurde.

An dieser Stelle erscheint die Frage angemessen, ob die 25-jährige Diktatur Stalins eine natürliche, soll heißen zwangsläufige Konsequenz des von Lenin errichteten Regimes war, oder ob es sich dabei um einen historischen Unfall handelte, der es einem Psychopathen erlaubte, die Revolution für seine Dienste zu missbrauchen. Dass Stalin Symptome von klinischer Paranoia, Größenwahn und Sadismus aufwies, steht außer Zweifel und wurde im Nachhinein auch von einigen seiner engsten Vertrauten bestätigt. Dennoch darf man nicht vergessen, dass er sich nicht durch einen Staatsstreich auf Lenins Thron putschte, sondern Schritt für Schritt und gefördert durch die Partei selbst zum ersten Mann in Staat und Partei aufstieg. Stalin war die Wahl der Partei. Historiker, die die Meinung vertreten, dass Trotzki oder Bucharin Lenins Erbe hätten antreten sollen, übersehen die Tatsache, dass Lenin, wiewohl er die beiden bewunderte, in ihnen keine geeigneten Nachfolger sah. Die despotische Machtfülle, über die Stalin gebot, war Lenins Werk: Lenin hatte den systematischen Massenterror mit Geiselnahme und Konzentrationslagern »erfunden«; Lenin hatte das Gerichts- und Rechtssystem zur »Legitimation und Durchsetzung« des Terrors instrumentalisiert; Lenin hatte die Artikel 57 und 58 des Strafgesetzbuches autorisiert, Generalklauseln, die Stalin dazu benutzte, Millionen unschuldiger Bürger hinter Gitter sperren oder exekutieren zu lassen. Und Lenin hatte die Partei zur Annahme einer Resolution gebracht, mit der »Fraktionen« für illegal erklärt wurden, eine Resolution, dank deren Stalin sich aller, die ihm widersprachen, als »Abweichler« entledigen konnte. Dem von Lenin aufgebauten System war die personenbezogene Diktatur inhärent, auch wenn er selbst einen kollegialeren Führungsstil vorzog. Von »Die Partei hat immer Recht« ist es nur ein kleiner Schritt zu »Der Führer der Partei hat immer Recht«. Und war dieses Prinzip erst einmal akzeptiert, lag es nicht mehr innerhalb des Systems darüber zu bestimmen, in welcher Form die autokratische Führung ausgeübt wurde.

Auf die Frage, wer der »Strengere« von beiden war, Lenin oder Stalin, erwiderte Wjatscheslaw Molotow, der sowohl Lenin wie auch Stalin in hohen, vertraulichen Stellungen länger als jeder andere Bolschewik gedient hatte, ohne jedes Zögern: »Natürlich Lenin […] Ich erinnere mich noch, wie er Stalin der Nachgiebigkeit und Liberalität bezichtigte.«[27] So viel zum, zuerst von Trotzki und später von Chruschtschow, popularisierten Mythos, dass der Stalinismus eine Abkehr vom Leninismus bedeutete.

Dass Deutschland, das die Schmach der Niederlage von 1918 rächen und Europa unter sein Joch zwingen wollte, die Schuld am Zweiten Weltkrieg trägt, ist unbestritten. Zu Beginn jedoch erleichterte die Sowjetunion Hitlers aggressive Kriegspolitik und muss sich deshalb den Vorwurf gefallen lassen, einen Anteil der Verantwortung für diesen schrecklichsten aller bisherigen Kriege mitzutragen.

Vor dem Hintergrund der Tatsache, dass bis hin zum desaströsen Einmarsch in Polen im Anschluss an den Ersten Weltkrieg alle Bemühungen fehlschlugen, in Europa außerhalb Russlands eine Revolution zu entfachen, gelangte die russische Führung zu der Überzeugung, dass ein neuer Weltkrieg die besten Aussichten für eine Ausweitung des sowjetischen Machtbereichs bot. Im Januar 1925 erklärte Stalin, dass »Kämpfe, Konflikte und Kriege zwischen unseren Feinden […] unsere besten Verbündeten« und »ohne jeden Zweifel die beste Unterstützung für unsere Regierung und unsere Revolution« sind. Mit Bezug auf die Unausweichlichkeit eines neuen globalen Konflikts fügte er vieldeutig hinzu: »Sollte ein Krieg ausbrechen, werden wir nicht mit verschränkten Armen dabeisitzen – wir werden ins Feld ziehen, aber wir werden die *Letzten* sein, die das tun. Und wir werden es tun, um das entscheidende Gewicht in die Waagschale zu werfen.«[28]

Ganz in Übereinstimmung mit dieser Sichtweise kollaborierte die Sowjetunion von Beginn der zwanziger Jahre bis 1933 hinter den Kulissen mit dem deutschen Militär. Ziel dieser geheimen Zusammenarbeit war es, Deutschland zu helfen, die Bestimmungen des Versailler Friedensvertrags zu umgehen, laut dem Berlin nur sehr beschränkt oder gar nicht Panzer, Flugzeuge, U-Boote und Giftgas herstellen durfte. Moskau gestattete dem Deutschen Reich, solche Waffen auf seinem Gebiet zu produzieren und zu testen, während die Deutschen im Gegenzug Offiziere der Roten Armee zu Generalstabsseminaren einluden, auf denen die Strategie und Taktik des Blitzkrieges entwickelt wurden. (Im Bereich der Marine kooperierte die Sowjetunion aktiv mit dem faschistischen Italien.)

Vor diesem Hintergrund wird auch verständlich, warum Stalin 1932/1933 den deutschen Kommunisten untersagte, bei den Parlamentswahlen mit den deutschen Sozialdemokraten gemeinsame Front gegen die Nazis zu machen, und dadurch Hitlers Machtergreifung mit begünstigte (siehe Kapitel IV). Die deutschen Sozialdemokraten waren prowestlich eingestellt. Die Nazis huldigten zwar einem radikalen Antikommunismus, würden aber, glaubte Stalin, ihre Aggression gegen die westlichen Demokratien richten und die Sowjetunion aus dem Spiel lassen. Dieses Denken war auch der Hintergrund seiner Entscheidung im August 1939, einen Nichtangriffspakt mit Berlin zu unterzeichnen, einschließlich eines geheimen Zusatzprotokolls, in dem Polen zwischen der Sowjetunion und Deutschland aufgeteilt wurde. Stalin rechnete ganz klar mit einer Neuauflage des Abnutzungskriegs von 1914 bis 1918, der die Krieg führenden »kapitalistischen« Nationen so sehr schwächen würde, dass die UdSSR Europa anschließend praktisch widerstandslos würde überrollen können. Nachdem Deutschland und die Sowjetunion Polen unter sich aufgeteilt hatten, hielt Stalins engster Vertrauter Molotow, der als Außenminister den Nichtangriffspakt mit Hitlerdeutschland unterzeichnet hatte, eine Rede, in der er Frankreich und Großbritannien vorwarf, Krieg gegen Deutschland zu führen, und erklärte, dass »die Ideologie des Nazismus wie jedes ideologische System akzeptiert oder verworfen werden kann: dies ist allein eine Sache der politischen Einstellung«. Die kommunistischen Parteien außerhalb der Sowjetunion wurden angewiesen, Großbritannien und Frankreich als reaktionäre und aggressive Mächte zu verdammen. Doch Stalins Politik sollte sich als eine gigantische Fehlkalkulation erweisen.

Als Hitler 1940 die Armeen in Frankreich vernichtete und sich daranmachte, fast den ganzen Kontinent seiner Herrschaft zu unterwerfen, konnte er auf die Unterstützung der Sowjetunion rechnen: In einer Art virtuellen Allianz mit Nazideutschland belieferte Stalin das Reich mit Nahrungsmitteln, Metallen und anderen knappen Rohstoffen. Er ging sogar so weit, einige deutsche Kommunisten, die in der UdSSR Zuflucht gesucht hatten, an Hitler auszuliefern. Stalin war so fest davon überzeugt, dass Hitler die für ihn profitable Kollaboration mit Moskau fortsetzen würde, dass er Warnungen seines eigenen und der alliierten Geheimdienste ignorierte, dass die Deutschen in Polen massive Truppenverbände für einen Angriff auf die Sowjetunion zusammenzogen.

In den ersten Monaten nach dem deutschen Überfall auf die Sowjetunion erlitt die Rote Armee, der nach den Säuberungen die erfahrensten Offiziere fehlten und die sich nicht auf den Krieg hatte vorbereiten dürfen, unvorstellbare Verluste an Menschen – bis Ende 1941 gerieten über drei Millionen Rotarmisten in deutsche Gefangenschaft – und Material.

Nachdem Stalin sich von dem ersten Schock erholt hatte, nahm er die Verteidigung des Landes in seine Hände. Die bislang gültige Losung, dass Russland für den Kommunismus kämpfte, wurde schnell aufgegeben: Unter Rückgriff auf die Religion und den militärischen Ruhm der zaristischen Ära rief er die Nation dazu auf, für das »Heilige Russland« ins Feld zu ziehen. Die anfangs auf scheinbar aussichtslosem Posten kämpfenden Verteidiger erhielten durch strategische Fehlentscheidungen Hitlers und die barbarische Art der Kriegführung der Wehrmacht neuen Auftrieb. Hitler, der nicht wie Napoleon den Fehler begehen wollte, direkt auf Moskau zuzumarschieren, schickte große Truppenverbände gegen Leningrad im Norden und gegen Kiew im Süden. Auf diesen Feldzügen machten die Deutschen zwar noch mehr Gefangene, verspielten aber auch wertvolle Zeit, die ihnen später fehlte. Als sie dann die Offensive gegen die Hauptstadt wieder aufnahmen, blieb der Feldzug im einbrechenden Winter stecken. Die Russen und Ukrainer, von denen anfangs nicht wenige die Wehrmacht willkommen geheißen hatten, bekamen schnell zu spüren, dass die Deutschen nicht gekommen waren, sie vom Kommunismus zu befreien, sondern sie unter ein noch schlimmeres Sklavenjoch zu zwingen. Gegen einen an Ausrüstung weit überlegenen Gegner bewiesen die Widerstandskämpfer gewaltigen Mut und Entschlossenheit. Der Krieg an der Ostfront brach der Wehrmacht am Ende das Genick und bestimmte den Ausgang des Zweiten Weltkriegs. Doch der Preis, den Russland dafür bezahlte, war schrecklich. Die Führer der Roten Armee sahen in ihren Soldaten leicht ersetzbares Material und schickten sie ohne Rücksicht auf Verluste in den Kampf. Dass bei großen Schlachten Hunderttausende von Rotarmisten den Tod fanden, war keineswegs ungewöhnlich. Allein bei der Schlacht um Kiew im Sommer 1941 verloren 616 000 russische Soldaten ihr Leben, und die Offensive im Don-Becken zwei Jahre später forderte in den Reihen der Roten Armee 661 000 Opfer. Ausländische Wissenschaftler veranschlagen die sowjetischen Gesamtverluste im Zweiten Weltkrieg auf zwanzig Millionen Menschenleben, davon wiederum sind schätzungsweise 8,7 Millionen im Kampf gefallen[29] – über das Dreifache der Verluste der Wehrmacht an der Ostfront (2,6 Millionen). Von den rund fünf Millionen sowjetischen Soldaten, die in deutsche Kriegsgefangenschaft gerieten, starben zwischen 1,9 und 3,6 Millionen an Unterernährung, in Gaskammern oder bei Erschießungen.

Stalins Lohn für den Sieg war die territoriale Expansion. Die sowjetischen Truppen besetzten in Ost- und Zentraleuropa ein Gebiet, das größer war als Frankreich und Westdeutschland zusammen und in dem knapp über neunzig Millionen Menschen lebten. Über die von der Sowjetunion besetzten Länder hinaus, in denen kommunistische Regime installiert wurden, gelangten auch in Jugoslawien und Albanien kommunistische Regierungen an die Macht.

Als dann auch noch die chinesischen Kommunisten, mit denen Moskau seit über einem Vierteljahrhundert in einer Art Hassliebe verbunden war, den Bürgerkrieg gegen die von den USA unterstützte Kuomintang gewann und 1949 die Kontrolle über ganz China übernahm, schien es nur noch eine Frage der Zeit zu sein, bis sich der Kommunismus über die gesamte Welt ausbreiten würde.

Der Zweite Weltkrieg war das einzige Ereignis in der Geschichte der Sowjetunion, das das Volk und die Regierung näher zusammenbrachte. »Nach dem deutschen Angriff im Juni 1941 stimmten erstmals in der sowjetischen Geschichte die offiziellen Angaben mit der Wahrheit überein: Die Deutschen *waren* brutale Invasoren, und die Nation befand sich *in der Tat* in einen Kampf auf Leben und Tod verstrickt.«[30] Der Krieg verlieh dem kommunistischen Regime als Verteidiger des Volks eine Legitimation, die es bis dahin nicht genossen hatte. Doch die weithin gehegte Hoffnung, dass Stalin dem russischen Volk seine Kooperation und Opferbereitschaft danken und den eisernen Griff, mit dem er das Land regierte, lockern und den Menschen mehr Freiheiten zugestehen würde, wurde enttäuscht. In den sieben Jahren, die ihm noch blieben, zeigte er keinerlei Anzeichen einer Mäßigung.

Der Tod Stalins stellte seine Nachfolger vor ein Dilemma. Einerseits spürten sie die Notwendigkeit, sich von dem paranoiden Diktator und der Terrorpolitik, die er verfolgt hatte, zu distanzieren. Andererseits mussten sie das System bewahren, das er über fast dreißig Jahre hinweg aus- und aufgebaut hatte, da sie ihre Macht und ihre Privilegien eben daraus ableiteten. Sie lösten das Problem, indem sie den Kommunismus wieder auf Lenin zurückführten. 1956, in einer geheimen Rede auf dem XX. Parteikongress, der erste, der nach Stalins Tod einberufen wurde, legte der neue Generalsekretär der KPdSU Nikita Chruschtschow einige der Verbrechen Stalins gegen die kommunistische *Nomenklatura* offen. Durch diese Enthüllungen wurde Stalin postwendend zur Unperson: Sein Leichnam wurde aus dem Mausoleum entfernt, in dem er neben Lenin aufgebahrt worden war. Mit einer Effizienz, auf die die Sowjetbürokratie zu Recht stolz war, wurde Stalingrad in Wolgograd umbenannt, die nach Stalin benannten Plätze und Straßen erhielten neue Namen, und die zahllosen Porträts, Statuen und Büsten mit seinem Konterfei verschwanden aus dem öffentlichen Leben. Es war, als wären die drei Dekaden unter Stalins Herrschaft ein gewaltiger historischer Irrtum gewesen. Dass niemand den Versuch unternahm, diesen »Irrtum« zu erklären, ist verständlich, gab es dafür doch nur zwei gleichermaßen inakzeptable Erklärungen: Entweder war Marx' materialistische Theorie falsch und die Geschichte wurde doch von der Politik und von den Politikern bestimmt, oder aber die Sowjetunion war kein marxistischer Staat.

Die antistalinistische Kampagne stellte einen gewagten und möglicherweise sogar notwendigen Schritt dar. Dennoch war eine ihrer zwangsläufigen Folgen, dass die Legitimität des Systems untergraben wurde, das diese schrecklichen Verbrechen ermöglicht hatte. Chruschtschows Enthüllungen markierten den Beginn eines zwar langsamen, jedoch unausweichlichen Legitimationsverlustes des Kommunismus.

Um die Folgen der Entstalinisierung aufzufangen und zugleich dem System neues Leben einzuhauchen, betrieb Chruschtschow die Vergottung Lenins mit einer solchen Intensität, dass der Gründer der Sowjetunion später sogar ihren Kollaps überleben sollte. Aufgefordert, die zehn bedeutendsten Persönlichkeiten der Geschichte aufzuzählen, nannten die Russen Peter den Großen an erster und Lenin nach Puschkin an dritter Stelle. (Stalin wählten sie trotz Chruschtschows Bemühungen auf den vierten Rang.)

Nach der Befreiung vom Terror Stalins machten sich die Angehörigen der *Nomenklatura* daran, jene Art Leben zu genießen, auf die sie kraft ihrer Verantwortung und ihres hervorgehobenen Status einen Anspruch zu besitzen glaubten, und entledigten sich mit überraschender Geschwindigkeit der Kontrolle durch die führenden Organe der Partei.

Ohne dass die grundlegenden Institutionen angetastet worden wären, die Einparteienherrschaft blieb ebenso bestehen wie die allgegenwärtige Geheimpolizei und Zensur, kam es unter Chruschtschow zu einer gewissen Entspannung der politischen

Verhältnisse, wovon die Sowjetbürger in beträchtlichem Maße profitierten. Millionen Gefangene wurden aus den Straflagern entlassen, zahllose Opfer der Unterdrückung wurden rehabilitiert, was für sie selbst zwar zu spät kam, zumindest jedoch ihren Familien das Leben erleichterte. In begrenztem Maße wurde auch der Kontakt zu Ausländern wieder gestattet. Die Zahl der Visaerteilungen an Ausländer nahm zu, und gleichermaßen erhielten mehr Sowjetbürger die Erlaubnis, ins Ausland zu reisen. Zwar wurden die Störsender, die den Empfang ausländischer Kurzwellensender verhinderten, auch weiterhin betrieben, doch funktionierten sie nicht fehlerfrei, so dass sich die sowjetische Öffentlichkeit ein realistischeres Bild des Lebens im Ausland wie auch des Lebens in der Sowjetunion machen konnte.

Als Michail Gorbatschow, in der Hierarchie der kommunistischen Partei bereits weit aufgestiegen, in den siebziger Jahren Italien, Frankreich, Belgien und Westdeutschland besuchte, war er von dem, was er dort sah, zutiefst beeindruckt – nicht nur von dem hohen Lebensstandard, sondern auch von der ausgeprägten Zivilkultur. Die Eindrücke, die er dort sammelte, erschütterten seinen »bisherigen Glauben an die Überlegenheit der sozialistischen Demokratie über das bourgeoise System. Wir registrierten«, erinnerte er sich später in seinen Memoiren, »mit Erstaunen die offene und entspannte Einstellung der Menschen, denen wir begegneten, und bewunderten, wie freimütig sie alles beurteilten, auch die Aktivitäten ihrer Regierungen und ihrer nationalen und lokalen Politiker.« Sein späterer Rivale Boris Jelzin, das erste gewählte Staatsoberhaupt des souveränen Russland, zeigte sich 1989 von einem Besuch in den Vereinigten Staaten ähnlich tief beeindruckt. Die Reise geriet ihm zu einer »endlosen Aneinanderreihung in sich zusammenbrechender Stereotypen und Klischees«. Nach dem Besuch eines Supermarkts in Houston, Texas, fragte er laut: »Was hat man unserem armen Volk nur angetan?« Die Reise durch die USA hatte, so das Urteil eines Begleiters, in Jelzin auch noch den letzten Rest seines Glaubens an den Kommunismus ausgemerzt. Wie sich zeigte, hatte Stalin Recht gehabt: Das System konnte nur überleben, wenn es seine Untertanen einschließlich der höchsten Funktionäre völlig von der Welt jenseits seiner Grenzen isolierte.

Im Bereich der Außenpolitik unterzogen Stalins Erben seine auf Konfrontation ausgerichtete Strategie einer Neubewertung und wandten sich angesichts der Erkenntnis, dass der Kapitalismus doch nicht am Rande des Zusammenbruchs stand, von ihr ab. Sechzig Jahre, nachdem Eduard Bernstein ebendies prognostiziert hatte, stellte sich das Politbüro in Moskau hinter seine These, dass der Sozialismus nicht durch Revolutionen, geschweige denn durch Kriege, sondern allein auf friedlichem Wege triumphieren konnte. Die neue Losung lautete »Friedliche Koexistenz«. Die Kommunisten im Ausland wurden instruiert, Koalitionen nicht nur mit der nationalen Bourgeoisie der Dritte-Welt-Länder einzugehen, sondern auch mit den Sozialisten, die Lenin noch als die schlimmsten Feinde des Kommunismus verteufelt hatte.

Parallel zu diesen Entwicklungen konzentrierte sich das poststalinistische Regime auf zwei Aufgaben: Ausbau der militärischen Kapazitäten und der Stellung Moskaus in der Dritten Welt.

Die neue Führung im Kreml hielt zwar auch weiterhin eine gewaltige konventionelle Streitmacht unter Waffen, verlagerte den Rüstungsschwerpunkt jedoch auf die ihrer Meinung nach für künftige Konflikte entscheidende atomare Kampfkraft. Dahinter stand zum Teil die Notwendigkeit, die Militärausgaben zu begrenzen, für die hauptsächlich die konventionellen Streitkräfte verantwortlich waren. Doch die Neuausrichtung hatte auch eine theoretische Grundlage: Moskau hielt wenig von der westlichen Sichtweise, dass Kernwaffen einzig und allein dem Zweck der Abschreckung dienten, und investierte massiv in die Entwicklung von Raketen, die für offensive interkontinentale Operationen geeignet waren. Mit dem erfolgreichen Start des *Sputnik*, dem weltweit ersten künstlichen Satelliten, der in den Orbit geschossen wurde, demonstrierte die Sowjetunion im Oktober 1957 der Weltöffentlichkeit, wie weit die sowjetische Raketentechnologie vorangeschritten war; eine Technologie, die zumindest potenziell eine Bedrohung der kontinentalen Vereinigten Staaten darstellte. Im Laufe der nächsten dreißig Jahre investierte Moskau Unsummen in die Aufrüstung – laut neueren Schätzungen zwischen 25 und 30 Prozent, manchen Quellen zufolge sogar bis zu 40 Prozent des Volkseinkommens. Dank ihrer gewaltigen Militärmacht und vor allem dank ihres gewaltigen Kernwaffenarsenals und ehrgeizigen Raumfahrtprogramms erwarb sich die Sowjetunion internationale Anerkennung als eine »Supermacht«. Allerdings war dieser Status illusorisch, da er ausschließlich auf der Fähigkeit des Regimes beruhte, ausländische Mächte mit ihrem nuklearen Arsenal zu erpressen, mit dessen Einsatz Moskau jedoch zugleich die vollständige Vernichtung der Sowjetunion riskiert hätte. Zudem band das Rüstungsprogramm einen beträchtlichen Teil der ökonomischen Ressourcen, ein Umstand, der schlussendlich nicht unerheblich zum Zusammenbruch der Sowjetunion beitrug.

Mit der Politik des aktiven Engagements in der Dritten Welt verfolgte Moskau unter anderem das Ziel, über die ehemaligen Kolonien, zu denen der Westen nach wie vor enge wirtschaftliche Beziehungen unterhielt, den Klassenfeind sozusagen über die Flanken anzugreifen. Zugleich stärkte die Expansion die Moral zu Hause: Die Ausbreitung kommunistischer und prokommunistischer Regime vom Mutterland des Kommunismus aus, der Sowjetunion, verstärkte den Eindruck, dass der Siegeszug des Kommunismus unaufhaltsam und jeglicher Widerstand gegen den Kommunismus zu Hause nutzlos und zum Scheitern verdammt war. Allerdings erwies sich diese Strategie als überaus kostspielig; um sich die Unterstützung der Dritte-Welt-Länder zu sichern, musste Moskau massive Subventionen in Form von Entwicklungshilfe und Darlehen leisten, die niemals zurückgezahlt wurden. Der Nutzen dieser massiven Investitionen war auch deshalb zweifelhaft, weil, worauf wir später noch zu sprechen kommen werden, die auf diese Weise gewonnenen Alliierten alles andere als zuverlässig waren.

1964 wurde Chruschtschow von seinen Mitstreitern abgesetzt. Das sowjetische Establishment war seiner ruhelosen Aktivität überdrüssig und sehnte sich, um mit Chruschtschows Sohn zu sprechen, nach »Ruhe und Stabilität«. An seine Stelle trat Leonid Breschnew, der, gleichwohl er gegen Ende seines Lebens unverkennbare Anzeichen der Senilität an den Tag legte, 18 Jahre auf dem Posten des Generalsekretärs blieb.

Jahr um Jahr ging es mit der Sowjetunion bergab. Die Wirtschaft stagnierte und fiel noch weiter hinter die der entwickelten Industrieländer zurück. Ohne die Angst vor drakonischen Strafen verspürten die Arbeiter wenig Leistungsanreize. »Sie tun so, als ob sie uns bezahlen«, lautete ein unter Arbeitern damals geflügeltes Wort, »und wir tun so, als ob wir arbeiten.« Wer am Arbeitsplatz übermäßigen Ehrgeiz zeigte, riskierte, von seinen Kollegen der »Provokation« bezichtigt und verprügelt zu werden. Die Maschinerie der Zentralplanung konzentrierte sich auf das, was sie am besten konnte: das herzustellen, was schon immer hergestellt wurde, und darüber Innovationen wie Kunststoffe, synthetische Fasern und vor allem Computer zu verpassen. Das Beharren auf der lückenlosen Kontrolle von Informationen bedeutete, dass die Fortschritte im Bereich der Informationstechnologie, welche den Westen revolutionierten, an der UdSSR spurlos vorübergingen. Obwohl der Lebensstandard der breiten Bevölkerung immer noch über dem zu Stalins Zeiten lag, sank er selbst unter die vom Staat festgesetzten Mindestnormen: Ende der achtziger Jahre verdiente nahezu die Hälfte der Sowjetbürger weniger als zehn Dollar pro Monat. Der Alkoholismus nahm epidemische Ausmaße an: Nirgendwo sonst wurde mehr Alkohol pro Kopf konsumiert wie in der Sowjetunion, und nirgendwo lag die Zahl der Alkoholtoten höher. Am offenkundigsten kam die nachlassende Vitalität der Sowjetbürger in den demographischen Statistiken zum Ausdruck. Hatte die Bevölkerung Russlands unter dem Zarismus noch die höchste Wachstumsrate in ganz Europa aufgewiesen, wurden ab den siebziger Jahren mehr Todesfälle als Geburten verzeichnet: Die Bevölkerung der Sowjetunion schrumpfte.

Unterdessen blühte die Korruption: Wer etwas wollte, ob nun bestimmte Waren oder Dienstleistungen, musste die dafür zuständigen Beamten bestechen; lukrative Stellen in der öffentlichen Verwaltung gingen an den Meistbietenden. Laut den für die Sowjetrepublik Aserbaidschan vorliegenden Zahlen wurden für alle Verwaltungsposten, auch solche in der Partei, festgesetzte Summen verlangt, wobei jene Posten die höchsten Preise erzielten, die die besten Aussichten zur persönlichen Bereicherung durch Bestechungsgelder oder den Diebstahl öffentlichen Eigentums boten. Die Korruption war so umfassend und allgegenwärtig, dass die Sowjetbürger selbst dann, wenn sie gar nicht sicher sein konnten, das Gewünschte zu erhalten, bereit waren, Bestechungsgelder zu bezahlen. Ein Beispiel:

> Auf dem Moskauer Markt gab es einen Stand mit allem möglichen Kleinkram, den ein Invalide betrieb. Für eine bestimmte Summe war er bereit, jedem jungen Menschen, der an die Universität wollte, für fast jedes Fach einen Studienplatz zu verschaffen. [Wegen der Schwierigkeiten, einen Studienplatz zu erhalten, erfreute sich] dieser Kriegsversehrte, der über magische Kräfte und die Fähigkeit verfügte, einen Studienplatz zu vermitteln, [...] des enormen Zulaufs liebender Eltern, die ihm zitternd die zum Wohl ihres Kindes erforderliche Summe in die Hand drückten. Dabei folgte der Kriegsversehrte außerordentlich ehrenwerten geschäftlichen Grundsätzen und pflegte stets seine Kunden darauf aufmerksam zu machen, dass auch er nicht allmächtig sei, dass er selbstverständlich alles in seinen Kräften Liegende unternehmen werde, aber keinesfalls im Voraus den Erfolg garantieren könne, und verpflichtete sich, falls Tochter oder Sohn keine Zulassung erhalten sollten, das Geld zu erstatten. Und in der Tat, bei Misserfolg erhielten die Eltern ihr Geld zurück. Aber die Erfolge waren nicht selten, immer wieder klappte es mit dem Studienplatz, und auf diese Weise hatte er eine umfangreiche und zahlungswillige Klientel.
>
> Und was tat er für sie? Nichts! Er tat gar nichts, suchte keinen Menschen auf, sprach bei niemandem vor, er hatte überhaupt keine Beziehungen zu einem Lehrkörper oder zu einer Hochschulverwaltung. Aber er verdiente

> nicht schlecht. Er ging von folgenden Überlegungen aus: Erstens, wenn die Eltern es so heiß wünschen, dass das Kind studiert, werden sie sich nicht nur seiner Unterstützung vergewissern, sondern auch nach anderen Kanälen suchen, möglicherweise werden sie einen weiteren Helfer ganz oben durch ein angemessenes Geschenk für sich gewinnen. Und einer der Hebel wird schon greifen – welcher, das werden sie nie erfahren. Zweitens ist es durchaus denkbar, dass in dem jungen Menschen der Ehrgeiz erwacht, dass er sich gründlich auf das Examen vorbereitet und trotz aller Schwierigkeiten die Hürde nimmt. Und wenn alles schief geht, wird er das Geld ja zurückgeben.[31]

Der Diebstahl öffentlichen Eigentums galt, wenn überhaupt, als Kavaliersdelikt und wurde in einem geflügelten Wort aus der Zeit sogar noch ermutigt: »Wenn du nicht die Regierung bestiehlst, bestiehlst du deine Familie.« Solcherart Denken führte dazu, dass praktisch das gesamte Land korrupt war.

Die allgemeine Entspannung beflügelte die mutigeren Geister dazu, das Regime herauszufordern, und führte zur Entstehung der Dissidentenbewegung. Gegen die Dissidenten brachte das Regime sein bewährtes Unterdrückungsinstrumentarium zum Einsatz, von Breschnews Sicherheitschef Jurij Andropow um eine Innovation bereichert: die Internierung der Dissidenten in psychiatrischen Kliniken. Ende der achtziger Jahre, so wird geschätzt, standen mindestens 480 000 Sowjetbürger im Sold des KGB, von denen eine viertel Million, unterstützt von mehreren Zehnmillionen Informanten, innerhalb der Sowjetunion mit Aufklärung und Spionageabwehr beschäftigt war.[32] Doch die Bewegung ließ sich, nachdem sie einmal in Gang gekommen war, nicht mehr unterdrücken, und selbst wenn die Zahl der Dissidenten verschwindend gering war, gelang es ihnen doch, das Ansehen des Regimes nachhaltig zu schädigen.

Dasselbe galt für die regimekritischen Bewegungen in den sowjetischen Vasallenstaaten in Osteuropa. Als sich die Ungarn 1956 hinter ihrer Fahne scharten und die nationale Unabhängigkeit ausriefen, schickte Moskau Truppen, die den Aufstand niederschlugen. Auch der Versuch der tschechischen Kommunisten zwölf Jahre später, einen demokratischen Sozialismus einzuführen, wurde von Moskau mit Waffengewalt unterdrückt. Doch als dann in den siebziger Jahren in Polen mit der Solidarnocs eine mächtige Gewerkschaft entstand, die das Machtmonopol des kommunistischen Regimes direkt herausforderte, hielt Moskau es für ratsam, nicht selbst zu intervenieren. Aus Angst vor einem Übergriff der Bewegung auf die sowjetische Arbeiterschaft beharrte Breschnew darauf, dass die polnischen Kommunisten die Gewerkschaftsbewegung ohne äußere Hilfe zerschlugen. Nach langem Zögern und Taktieren verhängte die polnische Regierung schließlich im Dezember 1981 das Kriegsrecht über das Land und ließ so gut wie alle Führer der Arbeiterbewegung verhaften.

Mitte der achtziger Jahre brach in der Sowjetunion eine Krise aus, eine Krise, die dieses Mal nicht zur Rechtfertigung der Diktatur künstlich erzeugt worden war, sondern eine echte Krise, ausgelöst durch die progressive Atrophie aller Bereiche des öffentlichen Lebens. Die Krise konfrontierte das kommunistische Regime zum ersten Mal seit seinem Bestehen mit einem Problem, das sich nicht durch den Einsatz von Gewalt lösen ließ, sondern nur durch weit reichende Reformen, das heißt Zugeständnisse an die aufbegehrenden Bürger.

Zunächst jedoch versuchte das Regime auf Zeit zu spielen

und setzte einen altgedienten und häufig kränkelnden Generalsekretär ein, von dem man sicher sein konnte, dass er keine übereilten Schritte unternahm. Doch bis 1985 hatte sich die Lage so weit zugespitzt, dass etwas unternommen werden musste. Der kommunistische Block befand sich in einer Lage, die Lenin als »revolutionäre Situation« bezeichnet hätte: Die Regierungen der Ostblockstaaten konnten ihre Herrschaft nicht länger wie gewohnt ausüben, und die Menschen in ihrem Machtbereich waren auch nicht mehr bereit, sich auf eine solche Weise beherrschen zu lassen. Daraus resultierte eine Pattsituation, die jeden Moment zu zerbrechen drohte. Um dieser Gefahr vorzubeugen, ernannte das Politbüro 1985 mit Michail Gorbatschow ein relativ junges Politbüromitglied zum Generalsekretär der KPdSU. Gorbatschows Auftrag lautete, das sieche System wieder zu beleben, ohne dabei jedoch an seinen Grundfesten zu rühren – ein, wie sich zeigte, undurchführbares Unternehmen, da alle Reformbemühungen am Widerstand und der heimlichen Sabotagepolitik der eingesessenen *Nomenklatura* scheiterten. 1988 kamen Gorbatschow und seine Berater zu dem Schluss, dass der Kommunismus nicht reformierbar war, und machten sich daran, die UdSSR in einen demokratischen sozialistischen Staat umzubauen.

Gorbatschows erster Schritt war die Glasnost, die das Ende des staatlichen Informationsmonopols und eine deutliche Lockerung der Zensur brachte. Das Regime – und mit ihm Gorbatschow – stand vor einem Dilemma: Entweder weiter alle Meinungsfreiheit unterbinden und das Land langsam, aber sicher ersticken lassen, oder mehr Meinungsfreiheit zulassen und eine destruktive gesellschaftliche Explosion riskieren. Gorbatschow entschied sich für etwas, von dem er hoffte, dass es die Form einer kontrollierten Explosion annehmen würde, ein, wie sich zeigen sollte, extrem gefährlicher Schritt. Andropow, langjähriger KGB-Chef und Breschnews unmittelbarer Nachfolger, hatte gewarnt, dass die Lockerung der Vorschriften zur Rede- und Meinungsfreiheit das gesamte Regime zu Fall bringen könnte:

> Zu viele Gruppen haben unter der Unterdrückung in unserem Land gelitten […] Wenn wir jetzt alle Ventile auf einmal öffnen und die Leute anfangen, ihre Klagen vorzubringen, wird sich das zu einer Lawine auswachsen, die aufzuhalten wir keine Mittel haben.[33]

Und in der Tat: Der jahrelang unterdrückte Unmut brach sich in einer Flutwelle Bahn, die die alten, sorgsam gepflegten Mythen und die ganze, darauf aufbauende Surrealität der offiziellen Sowjetunion hinwegspülte.

Doch Gorbatschow drängte zu weiteren Reformen. Er autorisierte einen Kongress der Volksdeputierten, die zum Teil direkt vom Volk zu wählen waren, und beendete damit das politische Monopol der Kommunistischen Partei. Im März 1989 durften die Russen zum ersten Mal seit 1917 über die Wahl von nationalen Abgeordneten bestimmen. Sie wählten viele nicht der KP angehörenden und sogar antikommunistische Kandidaten, darunter auch Boris Jelzin, der unorthodoxe Chef der Moskauer Parteiorganisation, der mit seinen Angriffen auf die Privilegien der *Nomenklatura* große Popularität im Volk gewonnen hatte. Von da an entwickelten sich die Dinge mit geradezu atemberaubender Geschwindigkeit. 1989 fiel die Berliner Mauer, das Symbol der Trennung der Welt in Ost und West, nachdem Moskau die Bitte Ostberlins abgewiesen hatte, Truppen zur Stabilisierung der ostdeutschen Regierung zu entsenden.

Der Reihe nach sagten sich die ehemaligen Ostblockstaaten von der Sowjetunion los und erklärten ihre Unabhängigkeit von Moskau, das mit allen Mitteln zu verhindern versuchte, dass die ehemals unabhängigen Sowjetrepubliken diesem Beispiel nacheiferten. Im Dezember 1991, nach einem gescheiterten Putsch kommunistischer Hardliner, die der fortschreitenden Auflösung der UdSSR Einhalt gebieten wollten, verkündete der im Jahr zuvor zum Präsidenten der Russischen Republik gewählte Boris Jelzin die nationale Souveränität Russlands und besiegelte damit das Ende der UdSSR. Eine der ersten Amtshandlungen Jelzins bestand darin, die Kommunistische Partei zu verbieten. Russland gab sich eine demokratische Verfassung und verkündete die Einführung der freien Marktwirtschaft. Die Zustimmung der *Nomenklatura*, die die Macht besessen hätte, den Lauf der Dinge aufzuhalten, wurde mit der Erlaubnis erkauft, sich einen beträchtlichen Teil des Staatseigentums unter den Nagel zu reißen.

Die Geschwindigkeit, mit der diese Ereignisse sich entfalteten, enthüllte die extreme Fragilität eines scheinbar für die Ewigkeit errichteten Imperiums. Die Auflösung der Sowjetunion erinnerte an den Zusammenbruch des Zarenreichs ein dreiviertel Jahrhundert zuvor. In beiden Fällen hatte die Unbeweglichkeit eines Regimes ohne engen Kontakt zur eigenen Bevölkerung dazu geführt, dass es in der Stunde der Not ohne Freunde dastand und ihm niemand zu Hilfe eilte.

Der Kommunismus in Russland hatte sich selbst verzehrt. Er hatte von den Menschen zu viel verlangt und zu wenige seiner hehren Versprechen wahr gemacht und dadurch eine Atmosphäre der Apathie erzeugt, in der nur kleine Freuden den tristen Alltag erhellten und selbst die Zukunft keine Besserung zu bieten schien. Im Laufe der achtziger Jahren verlor selbst die sowjetische Elite ihren Glauben an den Kommunismus. Hilflos musste sie mit ansehen, wie der Rest der Welt die Sowjetunion auf so gut wie jedem Feld mit Ausnahme vielleicht der Militärausgaben und des Alkoholkonsums überholte.

So setzte die Elite, deren Selbstvertrauen ohnehin gebrochen war, dem Ende ihrer Herrschaft nur wenig Widerstand entgegen und nahm – nicht ohne die Gelegenheit zu nutzen und sich einen großen Teil des bisherigen Staatsvermögens anzueignen – den Niedergang des Regimes mit relativem Gleichmut hin.

IV. DIE REZEPTION IM WESTEN

Die Revolution, die im Februar 1917 in Russland ausbrach, erregte in Westeuropa zunächst wenig Interesse: Die führende Schweizer Tageszeitung, die *Neue Zürcher Zeitung*, aus der Lenin zuerst von den Unruhen in seiner Heimat erfuhr, brachte die Meldung ohne besondere Hervorhebung auf Seite 2. Das in einen brutalen Krieg verstrickte Europa hatte wenig Zeit, sich mit den Vorgängen im weit entfernten Russland zu befassen, das seit den Niederlagen von 1915 als Krieg führende Partei praktisch keine Rolle mehr spielte. Was die Ereignisse an Reaktionen hervorriefen, war überwiegend positiv, vor allem auf Grund der Erwartung, dass die Provisorische Regierung, die anfangs nahezu allgemeine Unterstützung im Volk genoss, wieder aktiv in das Kriegsgeschehen eingreifen würde. Die Vereinigten Staaten, stets bereit, ein neues Mitglied in der Gemeinschaft der demokratischen Staaten zu begrüßen, waren das erste Land, das die neue Regierung in Moskau diplomatisch anerkannte.

An dieser positiven Grundstimmung änderte sich zunächst auch nichts, nachdem die Bolschewiki die Provisorische Regierung gestürzt hatten. Auf Grund der Verbindungen Lenins zum Deutschen Reich begegneten die Alliierten ihm und seinem Regime zwar mit Misstrauen. Gleichzeitig jedoch waren sie so begierig, die Ostfront wieder eröffnet zu sehen, dass sie bereit waren, jede – auch eine von den Bolschewiki geführte – russische Regierung zu hofieren. Damit war es im März 1918 vorbei, als Sowjetrussland den Friedensvertrag von Brest-Litowsk unterzeichnete und damit aus dem Krieg austrat. Nach dem Friedensschluss zwischen Berlin und Moskau unterstützten die Alliierten die Weißen Armeen, die sich im Süden Russlands und in Sibirien mit dem Ziel formierten, die prodeutschen Bolschewiki zu stürzen und den Kampf gegen die Mittelmächte wieder aufzunehmen. Dabei beschränkte sich die Unterstützung hauptsächlich auf Nachschublieferungen. Mit Lenins Genehmigung landeten kleinere alliierte Kontingente in den nordrussischen Häfen Murmansk und Archangelsk, um zu verhindern, dass sie in deutsche Hände fielen. Gleichzeitig wurden amerikanische Truppen nach Ostsibirien entsandt, deren Hauptaufgabe war, die Region vor dem Zugriff der Japaner zu schützen. Abgesehen von gelegentlichen Scharmützeln, griffen weder die britischen noch die amerikanischen Truppen in Russland in die Kampfhandlungen ein. Der Mythos der massiven kapitalistischen Beteiligung am russischen Bürgerkrieg wurde erst später von Stalin im Rahmen einer antiwestlichen Propagandakampagne unter das Volk gebracht.

Mit der Einstellung der Kampfhandlungen im November 1918 hatten die Alliierten keinen Vorwand mehr für ihre Aktivitäten in Russland. Dass die Briten die Weißen auch nach dem Ende des Ersten Weltkriegs weiter unterstützten, geschah hauptsächlich auf Drängen Winston Churchills, damals First Lord der Admiralität, der als einer von wenigen bereits damals erkannte, welche Gefahr der Kommunismus für die Welt darstellte (eine Weitsicht, die Churchill in den dreißiger Jahren nach der Machtergreifung Hitlers erneut unter Beweis stellte). Churchill träumte von einem internationalen Kreuzzug mit dem Ziel, die Kommunisten von der Macht zu verjagen, ein Traum, der im kriegsmüden Europa jedoch auf wenig Gegenliebe stieß. Trotzdem ließ der damalige britische Premierminister David Lloyd George, der auf die Unterstützung der Torys angewiesen war, Churchill freie Hand – auch wenn er selbst durchaus bereit war, sich mit Lenin zu verständigen, den er für weniger gefährlich für die britischen Interessen hielt als einen wieder belebten Zarismus. Ende 1919, als die Weißen Armeen praktisch aufgerieben waren, hatte Lloyd George genug und befahl, die Unterstützung für die Weißen einzustellen. Churchill beugte sich zwar seinem Willen, warnte jedoch vor den verheerenden Folgen einer möglichen zukünftigen Koalition Deutschlands, Russlands und Japans:

> Auch wenn wir Russland aufgeben, Deutschland und Japan werden es nicht tun. Die neuen Staaten, die im Osten Europas entstanden sind, werden zwischen dem russischen Bolschewismus und Deutschland zermalmt werden […] In fünf oder noch weniger Jahren wird offenkundig sein, dass wir alle Früchte des Sieges verspielt haben.

1921 nahm Großbritannien, das damals in solchen Dingen das Tempo vorgab, wirtschaftliche Verhandlungen mit Sowjetrussland auf. Kurz darauf folgte die diplomatische Anerkennung durch London und im Anschluss daran durch den Rest Europas. Von den großen Mächten verweigerten allein die Vereinigten Staaten einer Regierung die diplomatische Anerkennung, zu deren expliziten Zielen die Vernichtung des internationalen Staatensystems zählte. Erst 1933 nahmen die USA diplomatische Beziehungen zur Sowjetunion auf.

Moskau betrieb eine Außenpolitik auf zwei Ebenen: auf der diplomatischen und auf der subversiven. In den zwanziger Jahren übernahmen sowjetische »politische Repräsentanten« die Botschaften der zaristischen Regierung in den Hauptstädten der »bourgeoisen« Staaten, von denen aus sie ihrer Arbeit entsprechend derselben Etikette wie die diplomatischen Vertreter anderer Länder nachgingen. Ihre eigentlichen Aktivitäten fanden im Verborgenen statt, wo die Agenten der Kommunistischen Internationale auf den Sturz ebender Regierungen hinarbeiteten, bei denen die sowjetischen Gesandten akkreditiert waren. Wann immer eine ausländische Regierung offiziell Protest gegen diese subversiven Umtriebe einlegte, erwiderten die sowjetischen Botschafter mit so viel Aufrichtigkeit, wie es ihnen ihr schauspielerisches Talent erlaubte, dass die Kommunistischen Parteien ebenso wie die Kommunistische Internationale private Organisationen seien, für deren Aktivitäten man Moskau nicht verantwortlich machen könne.

So halbherzig, sporadisch und ohne rechte Überzeugung, wie die Alliierten die antikommunistischen Kräfte in Russland unterstützt hatten, so entschlossen und mit allen zur Verfügung stehenden Mitteln stellte sich Moskau hinter die antidemokratischen Bewegungen im Westen.

Die Dritte Internationale oder Komintern, von Trotzki als »Generalstab der Weltrevolution« bezeichnet, wurde im März 1919 in Moskau gegründet. Tatsächlich aktiv wurde sie aber erst später, im Sommer 1920, zu einer Zeit also, als der Bürgerkrieg in Russland so gut wie entschieden war und die Kommunisten sich auf ihre Aktivitäten im Ausland konzentrieren konnten. In Moskau herrschte Aufbruchstimmung: Die Rote Armee marschierte praktisch ohne jede Gegenwehr auf Warschau zu, und nichts und niemand schien sie daran hindern zu können, ihren Vormarsch bis nach Deutschland und Großbritannien fortzusetzen, beides Länder, von denen Lenin glaubte, dass sie reif für die Revolution wären. Die Resolutionen des Zweiten Kongresses der Komintern (1920) begannen mit der Aussage, dass »die Proletarier der Welt vor entscheidenden Kämpfen stehen. Die Epoche, in der wir heute leben, ist die Epoche der offenen Bürgerkriege. Die Stunde der Entscheidung naht.«[1] In einer vertraulichen Nachricht an Stalin, der sich zu der Zeit an der polnischen Front aufhielt, schrieb Lenin:

> Die Lage in der Komintern ist ausgezeichnet. Sinowjew, Bucharin und auch ich sind der Meinung, dass die Revolution in Italien unverzüglich vorangetrieben werden muss. Meiner persönlichen Auffassung zufolge muss zu diesem Zweck Ungarn, und vielleicht auch Tschechien und Rumänien, sowjetisiert werden. Wir müssen dies sorgfältig abwägen. Teile mir deine ausführliche Bewertung mit. Die deutschen Kommunisten sind der Meinung, dass Deutschland aus den *Lumpen* 300 000 Mann gegen uns mobilisieren kann.*[2]

Der letzte Satz der Nachricht belegt, dass Moskau die Absicht hatte, die Rote Armee nach der Eroberung Polens weiter nach Deutschland zu schicken, um dort ihre Sympathisanten beim Kampf um die Macht zu unterstützen.

Wie die Ereignisse jedoch zeigen sollten, hatte Lenin die Situation in Europa völlig falsch eingeschätzt. Die Erfahrungen vom Oktober und November 1917, als er gegen seine zögerlichen Mitstreiter einen erfolgreichen Putsch inszeniert hatte, hatten ihn in der Auffassung bestärkt, dass Vorsicht ein Zeichen von Feigheit war. Und inzwischen war sein Ansehen in der Partei so groß, dass selbst die größten Skeptiker unter ihnen ihm widerspruchslos folgten.

* Mit *Lumpenproletariat* wurden im sozialistischen Sprachgebrauch marginalisierte Arbeiter bezeichnet, die sich freiwillig an die »Bourgeoisie« verkauften.

Am Zweiten Kongress der Komintern im Jahr 1920 nahmen Revolutionäre aus vielen europäischen und außereuropäischen Ländern teil, die bereit waren, mit den gemäßigten Sozialisten zu brechen und den russischen Bolschewiki zu folgen, die einzigen Marxisten, denen es gelungen war, einen sozialistischen Staat zu errichten. Lenin machte keinen Hehl daraus, dass er sich die Komintern als einen Zweig der Russischen Kommunistischen Partei vorstellte, organisiert nach ihrem Vorbild und ihren Anweisungen untertan. In den vom Zweiten Kongress verabschiedeten Resolutionen wurden die der Komintern angehörenden Organisationen verpflichtet, bei ihren Mitgliedern eine »eiserne militärische Disziplin« und das Prinzip des »demokratischen Zentralismus« durchzusetzen, das heißt Moskau unbedingten Gehorsam entgegenzubringen. Um dieses Anliegen auch in den Gewerkschaften voranzubringen, sollten die Kommunisten in Lenins Worten, »so es notwendig erscheint [...], alle möglichen Tricks, Listen, illegale Mittel, Verschleierungstaktiken und Methoden zur Unterdrückung der Wahrheit anwenden«.[3] Die eigentliche Aufgabe der Mitgliedsparteien bestand darin, der Komintern bei der Vorbereitung und Durchführung eines »bewaffneten Aufstands« gegen die bestehenden bourgeoisen Regierungen und ihrer Ersetzung durch kommunistische Regime zu unterstützen, die sich schlussendlich zu einer weltweiten Sowjetischen Sozialistischen Republik zusammenschließen sollten.

Darüber hinaus verabschiedete der Zweite Kongress nahezu einmütig die so genannten Einundzwanzig Bedingungen zur Aufnahme in die Komintern. Die wichtigsten werden im Folgenden genannt:

> Art. 2: Jede Organisation, die sich der Komintern anschließen will, muss aus ihren Reihen alle »reformistischen und Zentrumsleute« entfernen.
> Art. 3: Die Kommunisten müssen »überall einen parallelen illegalen Organisationsapparat« schaffen, der im entscheidenden Moment auf den Plan treten und die Führung übernehmen wird.
> Art. 14: Jede Partei, die der Komintern anzugehören wünscht, ist verpflichtet, einer jeden Sowjetrepublik in ihrem Kampfe gegen die konterrevolutionären Kräfte rückhaltlosen Beistand zu leisten.
> Art. 21: Diejenigen Parteiangehörigen, die die von der Kommunistischen Internationalen aufgestellten Bedingungen und Leitsätze grundsätzlich ablehnen, sind aus der Partei auszuschließen.[4]

Da alles, was Moskau ablehnte, grundsätzlich »konterrevolutionär« war, etablierte Artikel 14 den Grundsatz, dass für alle Kommunisten ungeachtet ihrer Nationalität die Interessen und Wünsche der Sowjetunion Vorrang hatten, selbst vor ihren eigenen nationalen Interessen.

Angetrieben von einem wie stets unermüdlichen Lenin, gelang es der Komintern, sozialistische Bewegungen in ganz Europa zu spalten und kommunistische Parteien zu gründen, die sie sowohl direkt wie auch verdeckt finanzierte. Insoweit hatte die Komintern Erfolg. Was jedoch ihre eigentlichen Ziele betraf, scheiterte sie kläglich. Zum einen erwies sich die Annahme, dass die kapitalistischen Länder am Rande des Bürgerkriegs standen, als völlig falsch. In keinem der Länder Westeuropas brach ein solcher Krieg aus, und wo ein Bürgerkrieg drohte, wurde er rasch niedergeschlagen. Zum zweiten: Obgleich die

Kommunisten in mehreren Ländern, vor allem solchen mit einer vorwiegend katholischen Bevölkerung (Spanien, Italien und Frankreich) eine beträchtliche Gefolgschaft in den dort aktiven, mächtigen Gewerkschaften um sich scharen konnten, konnten sie nirgendwo eine parlamentarische Mehrheit erobern. Selbst dort also, wo die Kommunistischen Parteien über zahlreiche Anhänger verfügten, blieben sie zur permanenten Opposition verdammt, isoliert und damit ohne wirkliche Macht. Getreu der von Moskau ausgegebenen Order, die Sozialdemokraten als ihre gefährlichsten Feinde zu bekämpfen, schwächten sie nicht nur die sozialistischen, sondern auch die kommunistischen Bewegungen und bereiteten damit in einigen Ländern rechtsradikalen Diktaturen den Weg, zu deren erste Opfer sie selbst zählen sollten.

Am deutlichsten sichtbar wurde das in Weimar, wo sich in den späten zwanziger Jahren drei große Parteien einen erbitterten Kampf aller gegen alle lieferten: die Sozialdemokraten, die Kommunisten und die Nationalsozialisten. In diesem Kampf favorisierte Moskau durchgängig die Nationalsozialisten vor den Sozialdemokraten, die es als »Sozialfaschisten« beschimpfte und auch weiterhin als den Hauptfeind des Kommunismus anprangerte. So war es nur folgerichtig, dass Moskau den deutschen Kommunisten verbot, eine Koalition mit den Sozialdemokraten einzugehen. Bei den entscheidenden Wahlen zum Berliner Reichstag im November 1932 gewannen die Sozialdemokraten über sieben und die Kommunisten sechs Millionen Stimmen und damit zusammen über 1,5 Millionen Stimmen mehr als die Nationalsozialisten. Umgerechnet auf den Reichstag, verfügten die beiden Linksparteien über 221 Sitze gegenüber 196 Sitzen der Nationalsozialisten. Hätten sich die deutschen Sozialdemokraten und Kommunisten zusammengetan, sie hätten Hitlers Wahl zum Kanzler verhindern können. So gesehen bewirkte die stillschweigende Allianz zwischen Kommunisten und Nationalsozialisten den Untergang der Weimarer Demokratie und brachte Hitler an die Macht.

In den dreißiger Jahren, als die Sowjetunion ihre traumatischsten Erfahrungen durchlebte – Kollektivierung, Hungersnot und Großer Terror –, erfuhr ihr Ansehen im Westen einen gewaltigen Aufschwung. Grund dafür waren zwei Ereignisse, die das Selbstvertrauen des Westens tief erschütterten: die Weltwirtschaftskrise und der Aufstieg des Nationalsozialismus. Das gewaltige Heer der Arbeitslosen in den industrialisierten Demokratien schien Marx' Vorhersage zu bestätigen, dass der Kapitalismus dazu verdammt sei, stetig verschärfende Krisen zu durchleben, um am Ende an seinen eigenen Widersprüchen zu Grunde zu gehen. Der eklatante Kontrast zwischen dem kommunistischen Russland, das sein Schicksal mit einem ehrgeizigen ökonomischen Aufbauprogramm in die eigene Hand genommen und Vollbeschäftigung erreicht hatte, und den untätigen westlichen Industrieländern überzeugte viele liberale Beobachter davon, dass der Kapitalismus in der Tat dem Untergang geweiht war. Weiteren Zulauf sicherte sich Moskau dadurch, dass es sich im Ausland für Maßnahmen und Rechte einsetzte, die es im eigenen Land verboten und mit schweren Strafen belegt hatte, beispielsweise das Recht der Arbeiter, sich zu organisieren, oder die Gleichberechtigung von Minderheiten (zum Beispiel in den USA für die der schwarzen Amerikaner). Denselben Effekt zeitigte die Unterstützung, die die Sowjetunion den Antifaschisten im spanischen Bürgerkrieg zukommen ließ.

Die meisten europäischen Kommunisten und Sympathisanten kannten zwar auch die negativen Seiten der kommunistischen Herrschaft in Russland, rationalisierten diese aber auf unterschiedliche Weise: Einmal machten sie externe Faktoren dafür verantwortlich, etwa das Erbe des Zarismus oder die Feindseligkeit des »kapitalistischen« Westens, dann wieder betrachteten sie sie als unvermeidliche Folgeerscheinungen des historisch einmaligen Unterfangens, eine völlig neue Gesellschaft aufzubauen. Der Schriftsteller Arthur Koestler, der 1932 der Kommunistischen Partei Deutschlands beigetreten war und ein Jahr in der Sowjetunion lebte (1938 brach er mit dem Kommunismus), legte in einer Abrechnung mit dieser Phase seines Lebens die mentalen Prozesse dar, die es Parteimitgliedern und Sympathisanten ermöglichten, den Terror und den Hunger zu ignorieren, den das sowjetische Regime das russische Volk erleiden ließ:

> Ich lernte, alles, was mich erschreckte, automatisch als »Erbschaft der Vergangenheit«, und was mir gefiel, als »Saat der Zukunft« zu klassifizieren. Mit dieser automatischen Sortiermaschine im Kopf war es 1932 einem Europäer noch möglich, in Russland zu leben und dabei Kommunist zu bleiben.[5]

Den Beitritt zur Kommunistischen Partei verglich Koestler mit einer spirituellen Bekehrung:

> Der Ausdruck, es sei einem plötzlich »ein Licht aufgegangen«, ist eine armselige Bezeichnung für das geistige Entzücken, das dem Bekehrten widerfährt [...] Das neue Licht scheint von allen Seiten in die Schädelhöhle einzudringen; die verwirrende Fülle der Erscheinungen nimmt plötzlich eine fassbare Gestalt an, als hätte ein

> Zauberstab die verstreuten Mosaikstücke eines Puzzlespiels mit einem Schlag zusammengefügt. Von nun an gibt es auf jede Frage eine Antwort; Zweifel und Konflikt gehören der qualvollen Vergangenheit an [...] Von jetzt an ist die innere Ruhe und Heiterkeit des Bekehrten durch nichts mehr zu gefährden – höchstens noch durch gelegentliche Anwandlungen der Furcht, er könne den Glauben wieder verlieren und damit all dessen verlustig gehen, was das Leben allein lebenswert macht, um in die Dunkelheit zurückzustürzen, wo Heulen und Zähneklappern herrschen.[6]

In Nordeuropa und den Vereinigten Staaten, wo weder die Sozialisten noch die Kommunisten über eine nennenswerte Gefolgschaft verfügten, gewann Moskau nützliche Verbündete unter Liberalen und »Mitläufern«, in der Mehrzahl Intellektuelle, die sich ohne der Partei beizutreten für ihre Anliegen engagierten. Diese Intellektuellen waren umso wichtiger für Moskau, als sie im Gegensatz zu Parteimitgliedern, die stets im Verdacht standen, nur als Sprachrohr der Partei zu agieren, ihre persönlichen Überzeugungen zum Ausdruck brachten. Die Geisteshaltung der Mitläufer exemplifiziert der amerikanische Journalist Lincoln Steffens, der 1919 ein gefeiertes und häufig zitiertes Epigramm über Sowjetrussland prägte: »Ich habe die Zukunft gesehen, und sie funktioniert.« Später wurde bekannt, dass er diese Worte auf einer Zugfahrt durch Schweden mit dem Ziel Moskau verfasst hatte, also noch bevor er auch nur einen Fuß auf sowjetischen Boden gesetzt hatte. 1926 schrieb er aus dem Urlaub in Karlsbad, einem eleganten tschechischen Kurort, folgende Zeilen an einen Freund: »Ich hege patriotische Gefühle für Russland, die Zukunft liegt dort. Russland wird am

Ende gewinnen, und es wird die Welt erlösen. Davon bin ich überzeugt. Aber dort leben möchte ich nicht.«

Zu den bekanntesten Mitläufern zählten Sidney und Beatrice Webb, zwei respektierte englische Sozialisten, die ihre politische und wissenschaftliche Karriere in der Fabian Society begonnen hatten. War das Ehepaar Webb dem bolschewistischen Regime zunächst noch feindlich gesonnen, änderte sich dies 1932 nach einer dreiwöchigen Reise durch die UdSSR, auf der sie fürstlich behandelt wurden, radikal. Sie waren von allem, was sie auf dieser Reise sahen, verzaubert und »verliebten sich«, wie sie selbst sagten, »in Russland«. 1935 veröffentlichten sie auf der Grundlage von Material, das ihnen ihre Gastgeber zur Verfügung gestellt hatten, eine zweibändige Abhandlung unter dem Titel *Soviet Communism, a New Civilisation?* (in der Ausgabe von 1941 ließen sie das Fragezeichen weg), wobei sie das sowjetische Dokumentarmaterial so behandelten, als hätten sie es mit offiziellem britischem Quellenmaterial zu tun. Die Webbs, die ihr Werk von der sowjetischen Botschaft in London Seite für Seite »auf Fehler prüfen« ließen, zeichneten darin ein fiktionales Bild des Lebens in der Sowjetunion, ohne sich auch nur im Mindesten der propagandistischen Ausrichtung der Literatur bewusst zu sein, aus der sie ihre Informationen bezogen. Es genügt darauf hinzuweisen, dass sie auf der Grundlage der ihnen vorliegenden Informationen abstritten, dass Stalin ein Diktator war. Im Gegenteil, sie behaupteten, dass er kollegial herrschte und ihrer Ansicht nach über weniger Macht verfügte als der Präsident der Vereinigten Staaten oder der britische Premierminister. Dinge wie Polizeiterror, Hungersnöte oder Zensur wurden von ihnen, wenn nicht ganz ignoriert, dann doch verharmlost oder so dargestellt, dass sie den in den kapitalistischen Ländern gängigen

Praktiken vergleichbar erschienen. Dessen ungeachtet pries ihr Mitfabianer George Bernard Shaw die schwülstige und kritiklose Abhandlung mit einem Umfang von nahezu 1200 Seiten als »die erste wirklich wissenschaftliche Analyse des Sowjetstaates«.

1942 veröffentlichte Beatrice Webb ein kürzeres Buch zum selben Thema, *The Truth About Soviet Russia*, in dem sie die UdSSR unter Hinweis auf die sowjetische »Verfassung« von 1936 als »die allgemeinste und egalitärste Demokratie der Welt« beschrieb.

Die Webbs waren zu intelligent und zu vertraut mit der wissenschaftlichen Methodik, als dass sie sich der Einseitigkeit ihrer Sichtweise des Sowjetkommunismus nicht bewusst gewesen sein konnten. Wenn sie dennoch darauf verzichteten, ein objektiveres Bild zu zeichnen, dann muss der Grund dafür in einer – vor dem Hintergrund einer scheinbar vor dem endgültigen Zusammenbruch stehenden westlichen Zivilisation nachvollziehbaren – verzweifelten psychologischen Sehnsucht nach einer vollkommenen Welt gesucht werden. Um diese Welt darstellen zu können, bedienten sie sich der von Koestler angesprochenen geistigen »Sortiermaschine«, die es ihnen erlaubte, automatisch alle ihrem Wunschbild widersprechenden Informationen auszuklammern.

Natürlich traf das nicht auf alle westlichen Intellektuellen zu. Bemerkenswerterweise waren es weniger die Wissenschaftler, ob nun Natur- oder Sozialwissenschaftler, die die Fassade des Kommunismus am ehesten durchschauten, sondern vielmehr die Humanisten, also Schriftsteller, Dichter und Philosophen. Statt sich von Abstraktionen verführen zu lassen und die Realität in ihrem Lichte zu interpretieren, maßen sie die Realität an ihren eigenen Maßstäben.

Der berühmte britische Philosoph Bertrand Russell, der

Sowjetrussland 1920 als Mitglied einer Delegation der Labour Party besuchte, begegnete dem sowjetischen Experiment zunächst durchaus mit Sympathie: Der Kapitalismus war, so sein Urteil, zum Untergang verdammt, der Kommunismus dagegen »wird von der Welt gebraucht [...]«. »Der Bolschewismus verdient«, urteilte Russell nach seiner Rückkehr in *Die Praxis und Theorie des Bolschewismus*, »die Anerkennung und Bewunderung aller progressiven Teile der Menschheit.« Allerdings, schränkte er ein, stellten solche Gefühle nur die »Theorie« dar. Die »Praxis«, die er mit wachen Augen beobachtete, rief in ihm ein Gefühl der Skepsis hervor, und mit offenkundigem Missfallen äußerte er sich über den quasireligiösen Fanatismus der Bolschewiki, ihre Ungeduld und ihren Dogmatismus. Und er hegte Zweifel, ob es möglich war, in einem so armen Land wie Russland ein kommunistisches System aufzubauen, zumal wenn die Mehrheit der Bevölkerung dem Kommunismus feindlich gesinnt war.

Auch der französische Autor André Gide zählte zunächst zu den klassischen Mitläufern, der aus seiner »Bewunderung« und »Liebe« für die Sowjetunion keinen Hehl machte. Die UdSSR war für ihn »mehr als nur ein auserwähltes Land«, nämlich »ein im Prozess des Entstehens begriffenes« Utopia. Gide besuchte die Sowjetunion im Sommer 1936, zu der Zeit also, als der Schauprozess gegen Sinowjew und Kamenjew geführt wurde. Nach seiner Rückkehr veröffentlichte er unter dem Titel *Zurück aus der Sowjetunion* ein dünnes Bändchen. In diesem etwas wirren Reisebericht über seinen Aufenthalt, in dem er Lob und Tadel miteinander vermischte, ohne jedoch zu einem abschließenden Urteil zu gelangen, leitete er sein Recht, das sowjetische Experiment zu kritisieren, gerade aus seiner Bewunderung für die Sowjetunion ab. Während seines Aufenthalts in Russland, schrieb er, habe er »Tränen der überschäumenden Freude, der Zärtlichkeit und der Liebe« vergossen. Und doch …

Gide war irritiert davon, dass die Menschen im sommerlichen Moskau ausnahmslos weiß gekleidet waren und einer wie der andere aussah. Als er sich aus dem luxuriösen Hotel Metropol, wo ihm seine Gastgeber eine Suite mit sechs Zimmern zur Verfügung gestellt hatten, auf die Straßen hinausschlich, erregten die langen Menschenschlangen sein Missfallen, die sich in der Hoffnung, irgendwelche »armseligen« Waren erstehen zu können, vor den Läden bildeten, noch ehe diese geöffnet hatten. Die »Trägheit« der Massen und die vorherrschende Konformität stießen ihn ab, die verbreitete Unwissenheit, was andere Länder anging, die allerorten spürbare »kleinbürgerliche« Gesinnung, der Niedergang der Künstler und Schriftsteller. Der Luxus, mit dem seine Gastgeber hoch gestellte ausländische Gäste, wie er es einer war, umgaben und hofierten, widerte ihn an angesichts der allgemeinen Not und Armut.

Obgleich Gide seine Bewunderung für die Sowjetunion neuerlich bekräftigte, wurde er sofort nach Erscheinen des Bändchens Zielscheibe bösartiger Angriffe, in denen ihm anfangs »Oberflächlichkeit« und »übereiltes Urteilen« vorgeworfen wurden. Später, nachdem Moskau ein entsprechendes Signal gegeben hatte, wurde er als »Judas« und faschistischer Agent verfemt. Auf die Vorwürfe reagierte Gide mit einer weiteren Schrift, *Retouches à mon Retour de l'U.R.S.S.* In diesem Nachtrag zu seinem ersten Buch griff er die Sowjetunion deutlich direkter an und verurteilte die Kommunisten dafür, was sie Russland angetan hatten, dafür, dass sie, wie er schrieb, »alle unsere Hoffnungen verraten« hatten.

So heftig und erbarmungslos die europäischen Sozialisten von den Kommunisten angegriffen und als »Sozialfaschisten«

geächtet wurden, zögerten sie aus Angst, der Konterrevolution in die Hände zu spielen, doch, es den Kommunisten mit gleicher Münze heimzuzahlen. Die Zweite Internationale, die in der Zwischenkriegszeit vergleichsweise wirkungslos agierte, ignorierte die Aufrufe russischer Emigranten, sich entschlossen gegen die Verfolgung ihrer sozialistischen Genossen in der UdSSR zu stellen. Die Delegierten auf dem Kongress der Zweiten Internationale im Jahr 1923 hielten fest, dass eine ausländische Intervention gegen die UdSSR nicht

> die Fehler der gegenwärtigen Phase der russischen Revolution beseitigen [würde], sondern die Revolution selbst. Weit entfernt, eine wirkliche Demokratie zu schaffen, würde sie nur eine Herrschaft der blutigen Konterrevolution aufrichten, die zum Instrument der Ausbeutung des russischen Volkes durch den Imperialismus des Westens würde.[7]

Man hätte erwarten können, mit die entschlossensten Gegner des Kommunismus im Westen in den Reihen der Wirtschaft zu finden, doch wie sich herausstellte, verhielten sich viele Unternehmer nicht nur neutral, sondern bekundeten sogar Sympathien für die sowjetische Regierung. Zum einen neigten sie dazu, die kommunistische Ideologie als bloßes Futter für Massen abzutun, hinter der eine Elite die altbekannten materiellen Interessen zu verhüllen suchte. Und selbst wenn die Kommunisten an die Worte, die sie predigten, glauben sollten, die Realitäten des Wirtschaftslebens würden sie schnell von ihrem Utopismus kurieren. Mit ebendiesem Argument rechtfertigte Lloyd George seine Entscheidung, Handelsgespräche mit Moskau aufzunehmen:

> Es ist uns nicht gelungen, Russland mit Gewalt wieder zur Vernunft zu bringen. Ich bin überzeugt, dass wir es mit Handel schaffen und das Land retten. Der Handel hat in seiner Funktionsweise eine ernüchternde Wirkung. Die einfachen Operationen des Addierens und Subtrahierens, die mit ihm verbunden sind, werden bald die Oberhand über weltfremde Theorien gewinnen.[8]

Auch Henry Ford, Großindustrieller, Reaktionär und Antisemit, vertrat die Auffassung, dass sich die Russen mit zunehmender Industrialisierung umso anständiger betragen würden, da »eine ordentliche Mechanisierung [und] eine ordentliche Moral im Grunde genommen ein und dasselbe sind«.

Verstärkt wurde dieses Wunschdenken noch durch das materielle Eigeninteresse der Unternehmer. Die internationale Wirtschaft betrachtete Sowjetrussland als einen der größten Zukunftsmärkte der Welt, und als Moskau dann Ernst machte mit der Industrialisierung des Landes, drängelten sich die von der Wirtschaftskrise gebeutelten ausländischen Unternehmer darum, Aufträge aus Stalins Fünfjahresplan zu erhalten. Einige der größten Fabrikanlagen, die in den dreißiger Jahren in der Sowjetunion gebaut wurden, wurden mit technischer Unterstützung und unter der Leitung westlicher Unternehmen errichtet. In Nischnij-Nowgorod (Gorki) baute Henry Ford Russlands erste Automobilfabrik, und auch die gigantischen Eisen- und Stahlwerke bei Magnitogorsk wurden von westlichen Firmen hochgezogen.

Antisemitismus und Antikommunismus nahmen in dem Programm, mit dem die Nationalsozialisten 1932/1933 in Deutschland an die Macht kamen, eine zentrale Position ein. Im Gegensatz zu den sowjetischen Kommunisten, die ihre Barbarei hinter einer Mauer der nahezu lückenlosen Zensur zu verbergen suchten und die sich, obwohl sie beständig gegen alle humanitären und demokratischen Ideale verstießen, ebendiese Ideale auf das Banner schrieben, konnten und wollten die Nationalsozialisten, die im Herzen Europas operierten, nicht vorgeben, als seien sie mehr als halbwegs zivilisierte Barbaren – wodurch sie sofort den Hass und die Verachtung der westlichen Meinungsführer auf sich zogen. Dass sich die Sowjetunion – zumindest den Worten nach – gegen den Nationalsozialismus stellte, während die westlichen Regierungen mit ihrer Appeasementpolitik Hitler zu besänftigen suchten, verschaffte Moskau weitere Vorteile. Mit die besten Agenten der Sowjetunion vor und während des Zweiten Weltkriegs waren Leute, die sich von Moskaus antinationalsozialistischer Haltung hatten überzeugen lassen.

Doch die Beziehungen zwischen Nationalsozialismus und Kommunismus waren weitaus komplexer, als es die unversöhnliche Feindschaft, die zwischen den beiden Ideologien zu bestehen schien, vermuten ließ. Dass die beiden Bewegungen erbittert gegeneinander konkurrierten, bedeutete nicht, dass sie nicht auch miteinander kollaboriert hätten.

Erstens kämpften sie gegen einen gemeinsamen Feind, die liberalen Demokratien Europas und Amerikas, die für die Bürgerrechte und das Privateigentum einstanden und den Frieden zu bewahren suchten. Die totalitären Regime in Berlin und Moskau betrachteten Menschen gleichermaßen als ersetzbaren Rohstoff für den Aufbau einer neuen Gesellschaftsordnung und der Erschaffung eines »neuen Menschen«. Im Gegensatz zur Sowjetunion tolerierte Nazideutschland zwar das Privateigentum, betrachtete es aber nicht als ein inhärentes, sondern eher als ein jederzeit widerrufbares Recht und regulierte seine Nutzung bis ins Detail im Interesse des Staates. Beide Regime hatten für den Pazifismus nur Verachtung übrig; in Lenins Worten: »Die Losung ›Frieden‹ [...] ist die Losung der Philister und Priester.« Nach seinem Aufstieg zur Macht verkündete Lenin, dass es keine Koexistenz zwischen Kommunismus und Imperialismus geben kann: einer von beiden muss gewinnen. Zuvor jedoch, so Lenin, »ist eine Reihe der schrecklichsten Konflikte zwischen den Sowjetrepubliken und den bourgeoisen Staaten unvermeidlich«.[9] Über Hitlers Glorifizierung des Militarismus und den wahnwitzigen Ehrgeiz, mit dem er die Hochrüstung der deutschen Wehrmacht betrieb, ist viel bekannt und zu viel geschrieben worden, als dass sie hier der Ausführung bedürften.

Doch die Verbindungen zwischen Nationalsozialismus und Kommunismus reichten noch tiefer. Hitler profitierte in erheblichem Maße von der Existenz des Sowjetstaates, den er sowohl als Bedrohung zur Einschüchterung der deutschen Wähler als auch als Vorbild für seine eigene Diktatur nutzte. Einer der Faktoren, die er in den ausschlaggebenden Wahlen von 1932 und 1933 für seine Zwecke ausschlachtete, war die Angst der Deutschen vor einer Machtübernahme der Kommunisten. Nach dem Brand im Reichstag, den er den Kommunisten in die Schuhe schob, genehmigte der Reichstag Hitler auf dessen Antrag hin außerordentliche Rechte. Die *Verordnung zum Schutze von Volk und Staat*, die die rechtliche Grundlage für Hitlers Diktatur bis zum Zusammenbruch des Dritten Reichs 1945 darstellte, autorisierte Einschränkungen der persönlichen Rechte und der Pressefreiheit, des Versammlungs- und Vereinigungsrechts sowie Konfiskationen und Beschränkungen der Eigentumsrechte. Diese beispiellosen Maßnahmen verliehen Hitler offiziell die unbegrenzte Machtfülle, die sich *de facto* auch in den Händen der Herrscher der Sowjetunion konzentrierte.

Hitler fand in der Sowjetunion ein existierendes Modell für den Einparteienstaat vor, mit dem er die ihm durch das im März 1933 erlassene Ermächtigungsgesetz gewährte absolute Autorität umsetzen konnte. Diese Art Staat wird traditionell als »totalitärer« Staat bezeichnet, ein Begriff, den der italienische Diktator Benito Mussolini popularisierte, um seinen faschistischen Staat zu definieren. Der totalitäre Staat zielt darauf ab, sämtliche Grenzen zwischen sich und der Bürgerschaft (der Zivilgesellschaft) aufzulösen, indem er jeden Bereich des organisierten Lebens durchdringt und kontrolliert. Dazu bedient er sich der herrschenden Partei, die das politische Monopol innehat und das Land mit Hilfe einer Geheimpolizei regiert, die unumschränkte Befugnisse besitzt. In einem solchen Staat ist das Gesetz kein Mittel zum Schutz des Individuums vor dem Staat, sondern ein willfähriges Machtinstrument der Regierung.

Seit einigen Jahren stößt das totalitäre Modell bei einigen westlichen Politikwissenschaftlern auf Ablehnung, da ihrer Auffassung nach noch kein Staat jenes Ausmaß an Kontrolle über seine Bürger erreicht hat, welche das totalitäre Modell impliziert. Selbst im Russland Stalins, argumentieren sie, musste sich das Regime mit unterschiedlichen Interessengruppen arrangieren und der öffentlichen Meinung zumindest einen gewissen Tribut zollen. So zutreffend diese Einwände sein mögen, das Konzept des Totalitarismus entwerten sie nicht. Um mit dem Harvard-Politologen Carl J. Friedrich zu sprechen:

> Das Argument, jede Konstellation sei historisch einmalig, bedeutet nicht, dass diese »absolut« einmalig ist, denn das gibt es schlechthin nicht. Alle historischen Phänomene gehören umfangreichen Klassen von analytischen Objekten an […], und deshalb ist es ein hin-

> länglich buntscheckiges Muster aus besonderen Elementen, was die historische Einmaligkeit ausmacht.[10]

Seit langem weiß man, dass in der »Demokratie«, der Herrschaft des Volkes also, Eliten und Lobbygruppen einen besonderen Einfluss ausüben. Einen, wie es das Kapitalismuskonzept vorgibt, perfekten Markt hat es in der Geschichte der Menschheit niemals gegeben. Selbst in der Blütezeit des Laisser-faire Mitte des 19. Jahrhunderts wurden die privaten Unternehmen bis zu einem bestimmten Grad von den Behörden reguliert und beschränkt. Dieselben Einschränkungen müssen auf das totalitäre Modell angewandt werden.

Die Ambitionen der bisherigen totalitären Regime waren so weit reichend, dass sie in ihrer Gesamtheit noch nirgendwo umgesetzt werden konnten. Doch selbst dort, wo sie nur teilweise realisiert wurden, erzeugten sie Bedingungen, die sich von denen der meisten vormodernen autokratischen Regime deutlich unterschieden:

> Weil die totalitäre Herrschaft Unmögliches anstrebt, sich die Personalität des Menschen und das Schicksal verfügbar machen will, vermag sie sich nur fragmentarisch zu verwirklichen. Es liegt in ihrem Wesen, dass sie niemals ihr Ziel erreicht und total wird, sondern tendenziell ein Herrschafts*anspruch* bleiben muss. Das Schreckensbild vollendeter Totalität, wie es manche Schriftsteller gerne ausmalen, ist literarische Spielerei, und es ist gefährlich, in der geistigen und politischen Auseinandersetzung mit dem Kommunismus davon auszugehen. Totalitäre Herrschaft ist kein durchgängig rationalisierter, in allen Teilen mit gleicher Wirksamkeit

> arbeitender Apparat. Sie möchte es wohl sein und kommt an manchen Stellen diesem ihrem Ideal vielleicht nahe, aber aufs Ganze gesehen verwirklicht sich ihr Machtanspruch nur diffus, in ganz verschiedener Intensität zu verschiedenen Zeiten in verschiedenen Bereichen des Lebens; dabei sind immer totalitäre mit nichttotalitären Zügen vermischt. Aber gerade deshalb sind die Auswirkungen des totalitären Herrschaftsanspruchs gefährlich und bedrückend, weil sie so verschwimmend, unberechenbar und schwer nachweisbar sind [...] Diese Vertracktheit folgt aus dem unerfüllbaren Verfügungsanspruch; sie ist für das Leben unter einem totalitären Regime charakteristisch und macht es allen Außenstehenden so überaus schwer verständlich.[11]

Der Hauptunterschied zwischen kommunistischen und »faschistischen« totalitären Regimen liegt darin, dass Erstere global dachten, während Letztere auf die Nation fokussierten: Die faschistischen Regime anerkannten zwar ebenfalls, dass ein Klassenkonflikt bestand, verstanden darunter aber den Konflikt zwischen reichen und armen Nationen. Ebendies brachte Mussolini 1921, ein Jahr vor seiner Machtergreifung, in einer Rede vor der italienischen Abgeordnetenkammer zum Ausdruck. An die Adresse der kommunistischen Abgeordneten gerichtet erklärte er:

> Zwischen uns und den Kommunisten gibt es zwar keine politischen Affinitäten, jedoch solche intellektueller Art. Wie Sie erachten wir einen zentralisierten und unitaristischen Staat für notwendig, der allen seinen Subjekten eiserne Disziplin auferlegt – mit dem Unterschied, dass

> Sie auf der Grundlage des Klassenkonzepts, wir dagegen auf der Grundlage der Nation zu diesem Schluss gelangen.[12]

Zu den Paradoxien der Geschichte zählt, dass die Bemühungen der Kommunisten, die westlichen Demokratien zu stürzen, genau den gegenteiligen Effekt zeitigten. Zum einen schwächte die gewollte Spaltung der sozialistischen Parteien das marxistische Lager. Gleichzeitig übte das sowjetische Beispiel den größten Einfluss auf den »Faschismus« aus, der zudem die kommunistische Bedrohung dazu gebrauchte, die eigene Bevölkerung in Angst und Schrecken zu versetzen und dazu zu bewegen, ihre Rechte und Freiheiten zu Gunsten eines totalitären Regimes aufzugeben, das an das leninistisch-stalinistische Modell angelehnt war und später die Sowjetunion beinahe vernichtet hätte.

Obwohl die Sowjetunion und die kommunistische Ideologie in den dreißiger Jahren im Westen auf erheblichen Zuspruch stießen, deutet nichts darauf hin, dass mit diesem Zuspruch auch eine Machtzunahme einhergegangen wäre. Wie bereits erwähnt, blieben die kommunistischen Parteien in Westeuropa isoliert, selbst dort, wo sie über eine zahlreiche Anhängerschaft verfügten. Aufgeschreckt von dem Aufstieg antikommunistischer, »faschistischer« Regime, revidierte Moskau, das die Sozialisten bislang als Erzfeinde verteufelt hatte, seine Haltung und wies die westeuropäischen kommunistischen Parteien an, Allianzen mit den Sozialisten und allen anderen den Faschismus ablehnenden Gruppen einzugehen. Die kurzlebigen Volksfrontregierungen in Frankreich (1936/1937) und Spanien (1936–1939) allerdings trugen wenig dazu bei, die kommunistischen Parteien in den Mainstream des politischen Lebens zu integrieren.

Der Aufbau antifaschistischer Koalitionen hinderte Stalin jedoch nicht daran, sowohl mit Hitler wie auch Mussolini in Kontakt zu bleiben, eine Politik, die 1939 in dem Nichtangriffspakt zwischen Moskau und Berlin kulminierte, mit dem sich die UdSSR praktisch auf die Seite der Achsenmächte schlug.

Die Affinität totalitärer Regime zueinander, ob sie nun Internationalismus und Kommunismus oder Rassismus und Nationalismus propagierten, spiegelte sich auch in der Bewunderung wider, die die Führer dieser Regime einander entgegenbrachten. Die deutschen und sowjetischen Armeen kämpften bereits gegeneinander, da lobte Hitler in vertrautem Kreise noch Stalins »Genie« und spekulierte laut über die Möglichkeit, mit vereinten Kräften die westlichen Demokratien zu zerschlagen.[13] Und der chinesische Parteiführer Mao Tse-tung, der einen so radikalen Kommunismus vertrat, dass er der Sowjetunion vorwarf, vom wahren Glauben abgewichen zu sein, entgegnete während der Kulturrevolution auf den Vorwurf, für den Tod so vieler kommunistischer Mitstreiter verantwortlich zu sein: »Betrachten Sie den Zweiten Weltkrieg, Hitlers Grausamkeit. Je grausamer, desto größer die Begeisterung für die Revolution.«[14]

Der Zweite Weltkrieg, dessen Sieg Stalin mit dem Leben zahlloser seiner Untertanen erkaufte, brachte ihm zwar nicht die erhoffte Macht über Europa – immerhin aber die Kontrolle über den größten Teil Osteuropas. Stalin ließ in den von der Roten Armee besetzten Ländern kommunistische Regime installieren, denen er in den ersten zwei bis drei Jahren nach Kriegsende noch eine gewisse politische Pluralität unter kommunistischer Kontrolle zugestand. Doch als sich dann 1948 der kommunistische Herrscher Jugoslawiens, Josip Broz Tito, von Moskau lossagte, verordnete Stalin den osteuropäischen Vasallenstaaten die Einparteienherrschaft. Polen, die Tschechoslowakei, Ungarn, Ostdeutschland, Rumänien und Bulgarien, nominell zwar souveräne Staaten, wurden mit jeweils geringen Abweichungen zu »Satelliten« degradiert – Klone des Sowjetstaates und Moskau, vor allem im Bereich der Außenpolitik, absolut untertan: Aus dem Sowjetimperium wurde der sowjetische Block, der Ostblock.

Der Westen, zur Untätigkeit verdammt, fand sich weitgehend damit ab, dass der größte Teil Osteuropas von der Sowjetunion beherrscht wurde. Stillschweigend wurde die sowjetische Einflusssphäre in der Region anerkannt. Hätte Moskau sich mit dem abgefunden, was es in der unmittelbaren Nachkriegszeit an Macht und Territorien hinzugewonnen hatte, möglicherweise hätten sich die Beziehungen zwischen Ost und West stabilisiert. Dass sich daraus jedoch das entwickelte, was später als der Kalte Krieg in die Geschichtsbücher eingehen sollte, lag daran, dass der Kommunismus seiner inhärenten Natur nach nicht stabil und begrenzt bleiben konnte: Er war auf Krisen und Expansion angewiesen.

Die Allianz zwischen Moskau und dem Westen begann bereits in der Endphase des Zweiten Weltkriegs zu bröckeln, als der Ausgang des Krieges absehbar war. Zum völligen Bruch kam es 1945/1946, nachdem Moskau den 1925 mit der Türkei abgeschlossenen Nichtangriffspakt aufkündigte und territoriale Forderungen erhob, die Ankara unmöglich akzeptieren konnte. Kurz danach zettelten die Kommunisten in Griechenland einen Bürgerkrieg an. Großbritannien eilte den bedrängten Ländern zu Hilfe, stieß aber geschwächt durch den gerade überstandenen Krieg schnell an die Grenzen seiner Möglichkeiten. Auf Initiative des damaligen US-Präsidenten Harry Truman übernahmen ab 1947 die Vereinigten Staaten die Hauptrolle bei der

Eindämmung der UdSSR, zunächst im Rahmen der im März 1947 verkündeten so genannten Truman-Doktrin zur Unterstützung Griechenlands und der Türkei, gefolgt im Juni und Juli 1947 vom Marshall-Plan, mit dem Washington beträchtliche Finanzhilfen zum Wiederaufbau des zerstörten Westeuropa bereitstellte. In einem historisch bis dahin einmaligen Schritt gründeten die Vereinigten Staaten im April 1949 eine Verteidigungsallianz mit Kanada und zehn westeuropäischen Ländern zur gegenseitigen Unterstützung gegen Angriffe von außen (mit anderen Worten: dem Sowjetblock). Das Hauptquartier der NATO (North Atlantic Treaty Organization, Nordatlantikpakt) getauften Organisation wurde in Paris eingerichtet und zu ihrem ersten Oberkommandeur der US-General Dwight D. Eisenhower berufen. Als im Juni 1950 auf – wie damals vermutet wurde und heute bekannt ist – Moskaus Initiative das kommunistische Nordkorea in Südkorea einmarschierte, erklärten die Alliierten Westdeutschland zum souveränen Staat. 1955 boten sie Westdeutschland die Mitgliedschaft in der NATO an. Moskau reagierte darauf mit der Gründung des Warschauer Pakts, dem Verteidigungsbündnis der acht kommunistischen Staaten Osteuropas: Der Kalte Krieg war institutionalisiert.

Über die Ursachen und die Geschichte des Kalten Kriegs ist viel geschrieben und diskutiert worden. Manche Historiker sehen die Vereinigten Staaten und ihre Alliierten als Hauptverantwortliche, andere verteilen die Schuld auf Ost und West. Es lässt sich nicht abstreiten, dass der Westen und vor allem die Vereinigten Staaten, der unbestrittene Führer der Allianz, auf die kommunistische Bedrohung manchmal überreagierten: Welche Bedrohung der kommunistische Block auch immer für das globale Machtgleichgewicht dargestellt haben mochte, es bestand zu keinem Zeitpunkt die Gefahr einer kommunistischen

Machtübernahme der USA. Heute jedoch, nachdem sich die Leidenschaften abgekühlt haben, drängt sich die Schlussfolgerung auf, dass die Sowjetunion die Hauptschuld für den Kalten Krieg trägt. Immerhin hatte Moskau laut und deutlich seine Absicht kundgetan, überall auf der Welt Bürgerkriege zu unterstützen und wo immer möglich kommunistische Regime zu installieren, ein Ziel, das in Artikel 17 zur Aufnahme in die Komintern explizit angeführt wird: »Die Kommunistische Internationale hat der ganzen bürgerlichen Welt [...] den Krieg erklärt.« Wo immer es ihr möglich war, setzte die UdSSR diese Drohung in die Tat um, auch wenn sie während des Zweiten Weltkriegs ihren neuen westlichen Alliierten zum Gefallen die Komintern auflöste.

Für den Fall, dass ein weiterer Beweis notwendig ist, sollte man sich vor Augen halten, dass nach der Auflösung der Sowjetunion und dem Übergang der Macht in Russland an eine demokratisch gewählte Regierung der Kalte Krieg auf einen Schlag zu Ende war. Anlässlich eines Staatsbesuchs erklärte der neue russische Präsident Boris Jelzin im Juni 1992 vor dem amerikanischen Repräsentantenhaus:

> Die Welt kann erleichtert aufatmen. Das Idol des Kommunismus, der überall soziale Unruhen, Feindseligkeiten und eine Brutalität verbreitete, die ihresgleichen sucht, und der der Menschheit Angst und Schrecken einflößte, ist in sich zusammengebrochen. Es ist zusammengebrochen, um nie wieder aufzuerstehen.[15]

Zumindest Jelzin zweifelte offensichtlich nicht daran, wer die treibende Kraft hinter dem Kalten Krieg gewesen war.

Der Kommunismus brachte eine Reihe terroristischer Bewegungen hervor, die wenig, wenn überhaupt, etwas mit dem Marxismus oder dem Sozialismus zu tun hatten und deren ideologisches Deckmäntelchen hauptsächlich der Rechtfertigung ihrer kriminellen Aktivitäten – Entführung, Erpressung, Mord – diente. Typische Vertreter dieser vor allem in den siebziger Jahren aktiven Organisationen waren die Baader-Meinhof-Gruppe in der Bundesrepublik Deutschland (von der man heute weiß, dass sie von der ostdeutschen Staatssicherheit unterstützt wurde), die Roten Brigaden in Italien, die französische Action Directe und die japanische Rote Armee. Mit dem Ziel, den »Kapitalismus« in die Knie zu zwingen, verübten diese zumeist aus einer kleinen Anzahl Intellektueller bestehenden Gruppierungen Terroroperationen gegen prominente Wirtschaftsführer und Politiker. Alle diese Organisationen wurden früher oder später zerschlagen.

Diese von Dritte-Welt-Führern wie Mao Tse-tung und Che Guevara inspirierten anarchistischen Gewaltausbrüche waren Ausdruck der Frustration von Fanatikern angesichts des scheinbar auf Ausgleich mit dem kapitalistischen Westen gerichteten Kurses; ein Weg, den die poststalinistische Sowjetführung einschlug. Der Haupttrend in der europäischen Linksradikalen wies in die entgegengesetzte Richtung und zielte auf die Anpassung des Kommunismus an die veränderten Realitäten ab, ein Trend, dessen sichtbarste Manifestation die Bewegung war, die in Europa in den siebziger Jahren des letzten Jahrhunderts unter dem Namen Eurokommunismus bekannt wurde.

Unmittelbar nach dem Zweiten Weltkrieg erhielten die europäischen Kommunisten, die von dem enormen Prestige der Sowjetunion infolge ihres Beitrags zum Sieg über den Nationalsozialismus profitierten, neuen Zulauf und beteiligten sich in einigen europäischen Ländern an Koalitionsregierungen. In den fünfziger und sechziger Jahren jedoch gingen ihre Mitgliedszahlen wieder zurück, ein Schwund, für den eine Reihe von Faktoren verantwortlich war: Chruschtschows Offenbarung der barbarischen Verbrechen, die unter Stalin begangen worden waren, die gewaltsame Unterdrückung der Versuche Ungarns und der Tschechoslowakei, eigene Formen des Kommunismus zu entwickeln, sowie, vor allem in Polen, die Verbindungen, die zwischen dem Kommunismus und antisemitischen Verfolgungen gezogen wurden.

Der Eurokommunismus stellte einen Versuch dar, den Kommunismus von der in der Sowjetunion herrschenden Repression und der ökonomischen Rückständigkeit des Landes abzukoppeln und ihn dadurch an den Wahlurnen populärer zu machen. Die Bewegung, die vor allem bei den Intellektuellen in Frankreich, Spanien und Italien auf großen Zuspruch stieß, verfolgte einen stärker an den politischen Traditionen Europas orientierten Kurs. 1976 definierte der Generalsekretär der Kommunistischen Partei Spaniens, Santiago Carrillo, die Ziele der Eurokommunisten wie folgt:

> Die der »eurokommunistischen« Bewegung angehörenden Parteien stimmen in der Notwendigkeit überein, den Sozialismus voranzubringen durch Demokratie, ein Mehrparteiensystem, Parlamente und repräsentative Institutionen, die Souveränität der Völker durch regelmäßig abgehaltene, allgemeine Wahlen, vom Staat unabhängige Gewerkschaften, Oppositionsfreiheit, Menschenrechte, das Recht auf freie Religionsausübung, die Freiheit kulturellen, wissenschaftlichen und künstlerischen Schaffens sowie die Förderung der möglichst um-

fassenden Beteiligung der Menschen auf allen Ebenen und in allen Bereichen des sozialen Lebens.

So ehrenwert diese Absichten waren, jeder einzelne der von Carrillo aufgeführten Punkte wäre Anathema für Lenin gewesen. Insofern ist es unzutreffend, den Eurokommunismus als »gemäßigte Version des Kommunismus« zu beschreiben: Der kurzlebige und fehlgeschlagene Versuch, den Kommunismus in den Mainstream des politischen Lebens zu steuern, bedeutete im Grunde genommen eine Rücknahme all dessen, wofür der Kommunismus stand.

Der Eurokommunismus erwies sich als ein kurzlebiges Experiment. Bereits in den achtziger Jahren waren die westeuropäischen kommunistischen Parteien wieder marginalisiert. Am erfolgreichsten waren sie noch in Frankreich und Italien, wo sie 1978/1979 bei den Parlamentswahlen 30,4 beziehungsweise 20,6 Prozent der Stimmen auf sich vereinigen konnten. In den am stärksten industrialisierten Ländern Europas allerdings blieb ihr Stimmenanteil äußerst gering: 0,05 Prozent in Großbritannien und 0,3 Prozent in Westdeutschland[16] – bei fallender Tendenz.

Nach dem Zusammenbruch der Sowjetunion kam es in der eurokommunistischen Bewegung zu zahlreichen Veränderungen und Spaltungen. Die Hardliner-Parteien und -Fraktionen machten Gorbatschows Politik der Kompromisse gegenüber dem Kapitalismus für den Kollaps der UdSSR verantwortlich und hielten an ihrem Glauben an den Stalinismus fest. Andere kehrten dem traditionellen Kommunismus den Rücken. So benannte sich die Kommunistische Partei Italiens, die mitgliederstärkste und am wenigsten doktrinäre der westeuropäischen kommunistischen Parteien, stillschweigend in Demokratische

Partei der Linken um. Die meisten anderen folgten dem Beispiel der Italiener und trennten sich von ihren kommunistischen Namen und Symbolen.

Der Kommunismus erwies sich als aussichtslose Ideologie: Die politische Kultur des Westens war unvereinbar mit der Plumpheit einer Ideologie, die, wiewohl westlich von ihrem Ursprung her, ihre Ausformung in einer nichtwestlichen Umwelt erfahren hatte. Der Kommunismus im Westen löste sich in der Sozialdemokratie auf, bevor er sich dem Kapitalismus geschlagen gab, und verschwand anschließend praktisch ganz.

V. DIE DRITTE WELT

> Jedes Land, jede kommunistische Partei hat eine eigene Geschichte, lokale und regionale Besonderheiten, mehr oder weniger pathologische Fälle. Doch die feststehenden Elemente gehörten immer zu der in Moskau ab November 1917 entwickelten Matrix, die deshalb wie ein genetischer Code den Lauf der Dinge prägte.[1]

Die Verbindung, auf die in dem Zitat angespielt wird, bezieht sich auf den Umstand, dass der Kommunismus überall auf einem von zwei Wegen an die Macht kam: Entweder er wurde (wie in Osteuropa) von der Sowjetarmee aufgezwungen, oder er entstand, üblicherweise mit sowjetischer Hilfe, in Ländern, deren politische Kultur (Abwesenheit einer fest verwurzelten Tradition des Privateigentums und einer ausgeprägten Rechtskultur, ein autokratisches Erbe usw.) und soziale Struktur (ein zahlenmäßig dominantes Bauerntum, eine schwach ausgebildete Mittelklasse) der Russlands vor 1917 entsprach. Obwohl der Kommunismus auf fortgeschrittene industrialisierte Gesellschaften abzielte, fasste er nur in unterentwickelten, agrarischen Gesellschaften Fuß. Daher auch die stets wiederkehrenden Muster.

Die von diesen Ländern übernommenen Charakteristika waren: 1) Herrschaft einer einzigen, monopolistischen Partei, die nach militärischem Vorbild organisiert war und unbedingten Gehorsam verlangte. 2) Diese Herrschaft wurde ohne jegliche externen Beschränkungen ausgeübt. 3) Die Abschaffung des Privateigentums an Produktionsmitteln sowie die gleichzeitige Nationalisierung aller menschlichen und materiellen Ressourcen. 4) Missachtung der Menschenrechte. Solche Regime beharrten auf der Allwissenheit und Allmacht der Partei: Die Partei hatte immer Recht, und sie anerkannte keinerlei Beschränkungen ihrer Macht. In nahezu allen Fällen wurde die »Partei« durch einen Führer verkörpert, der das Anliegen der Partei personifizierte und mit der Zeit vergöttert wurde.

Gemeinhin geht man davon aus, dass Armut Kommunismus gebiert. In der Realität jedoch verhält es sich anders: Arme Länder optieren nicht für den Kommunismus. In keinem Land der Welt hat eine Mehrheit aus Armen oder, was das betrifft, irgendeine Bevölkerungsmehrheit die Kommunisten an die Macht gewählt. Vielmehr ist es so, dass arme Länder kommunistischen Übernahmeversuchen weniger Widerstand entgegensetzen können, da ihnen die Institutionen fehlen, die in reicheren, weiter fortgeschrittenen Gesellschaften dem Aufstieg radikaler Gruppen entgegenstehen. Ebendie Abwesenheit jener Institutionen, die Voraussetzung für einen allgemeinen Wohlstand sind, insbesondere die Eigentumsrechte und das Prinzip der Rechtsstaatlichkeit, machen solche Länder besonders anfällig für Diktaturen, sei es linker oder rechter Ausprägung. »Die Abwesenheit wirksamer intermediärer Strukturen zwischen dem Volk und den aufeinander folgenden Herrschern«, diagnostizierte etwa François Ponchaud mit Blick auf das wohl extremste aller kommunistischen Regime, das von Pol Pot in Kambodscha, »prädisponierte die kambodschanische Gesellschaft für die Ausübung unbegrenzter Macht.«[2] Dieselben Faktoren also, die Länder in Armut halten, begünstigen den Aufstieg kommunistischer Regime.

Diese Faktoren wirken sich aber noch weiter aus. In Asien bedeutete das Fehlen von Privateigentum an Land seit jeher, dass Wohlstand und soziales Prestige nur auf eine Weise erworben werden konnten: durch einen möglichst hohen Posten in

Diensten des Souveräns. Wer für die Regierung arbeitete, betrachtete das konsequenterweise nicht als Verpflichtung, sich für das Land einzusetzen, sondern vor allem als Mittel zur persönlichen Bereicherung. So war es in solchen Ländern nur natürlich, dass die Mitarbeit in kommunistischen Regimen, die alle Macht und allen Reichtum in ihren Händen konzentrierten, die bevorzugte Methode darstellte, sowohl Status als auch Reichtum zu erwerben. (Das traf, natürlich, auch auf Russland zu.)

Zu Beginn des 20. Jahrhunderts rätselten die europäischen Sozialisten, warum der Kapitalismus nicht, wie Marx und Engels es vorhergesagt hatten, in sich zusammenbrach. Die Revisionisten lösten das Problem durch das Eingeständnis, dass Marx und Engels sich in diesem speziellen Punkt geirrt hatten. Für orthodoxe Marxisten war diese Lösung inakzeptabel, da ihre vorgeblich wissenschaftliche Doktrin keine Abweichungen oder Ausnahmen tolerieren konnte: Sie stand oder fiel als Ganzes.

Lenin versuchte diesen Widerspruch durch Rückgriff auf die Arbeiten des britischen Ökonomen John Atkinson Hobson aufzulösen, der in seinem 1902 erschienenen Werk *Der Imperialismus* die koloniale Expansion jener Zeit mit dem Bestreben der Kapitalisten erklärte, sich neue Absatzmärkte für ihre Waren und neue Investitionsmöglichkeiten für ihr Kapital zu erschließen. Lenin führte diese These in seiner Schrift »Der Imperialismus als höchstes Stadium des Kapitalismus« (1916) weiter. Darin argumentierte er, dass die fortgeschrittenen kapitalistischen Länder auf Gedeih und Verderb auf die Kolonien angewiesen seien, die sie in die Lage versetzten, ihre kränkelnden Ökonomien zu stabilisieren und sich das Wohlwollen der Arbeiterklasse zu erkaufen. Der Angriff auf die imperialen Besitzungen der Großmächte stellte damit eine notwendige Komponente der modernen revolutionären Strategie dar.

Der Schwachpunkt der Strategie war, dass die Kolonien wie auch die halbkolonialen Dependancen der kapitalistischen Länder in Asien, Afrika und Lateinamerika kaum, wenn überhaupt, industrialisiert waren und in ihnen folglich kein nennenswertes Industrieproletariat existierte. Um auch in Ländern ohne industrielle Basis eine proletarische Revolution inszenieren zu können, legte Lenin dem II. Kongress der Kommunistischen Internationale ein Kolonialprogramm zur Verabschiedung vor, das auf zwei Prämissen fußte: 1) Die Kolonien können unter Auslassung der kapitalistischen Phase direkt vom »Feudalismus« zum Sozialismus übergehen. 2) Die dort tätigen Kommunisten müssen eine gegen die ausländischen Imperialisten gerichtete (selbstverständlich befristete) Allianz mit der einheimischen »nationalistischen Bourgeoisie« eingehen.

Lenins Vorschläge stießen bei den Komintern-Delegierten aus den Kolonialregionen, die ihre einheimische Bourgeoisie ebenso als Feinde betrachteten wie die ausländischen Imperialisten, auf heftige Opposition. Doch Lenin setzte sich durch, und so verpflichtete sich die Komintern auf, wie sie später genannt werden sollten, »nationale Befreiungskriege«, in denen die Kommunisten für die nationale Sache eintreten und mit anderen antiimperialistischen Gruppen zusammenarbeiten sollten, ohne dabei jedoch ihre eigenständige Identität aufzugeben.

Alle Versuche jedoch, diese Strategie in die Tat umzusetzen, scheiterten. Statt die Nationalisten für ihre eigenen Zwecke auszunutzen, mussten die Kommunisten feststellen, dass sie von den Nationalisten für deren Zwecke missbraucht wurden.

1918 und 1919 besetzten Armeen der Entente das westliche Anatolien und Konstantinopel, die Hauptstadt des Osmanischen

Reichs, das an der Seite des Deutschen Reichs zu den Verlierern des Ersten Weltkriegs zählte. Unter Führung von Mustafa Kemal Pascha (Kemal Atatürk) bildete sich eine türkische nationale Widerstandsbewegung, deren Bestreben darin bestand, die ausländischen Besatzer zu vertreiben. 1920 unterbreitete Kemal Atatürk Moskau den Vorschlag, gemeinsam gegen die Besatzungsmächte vorzugehen. Moskau stimmte bereitwillig zu und unterzeichnete 1921 einen Freundschaftsvertrag mit den Türken, in dem beide Parteien vereinbarten, Seite an Seite gegen den »Imperialismus« ins Feld zu ziehen. Getreu den Komintern-Gepflogenheiten verfolgte Moskau neben dieser offiziellen Kooperation auf zwischenstaatlicher Ebene eine Politik der subversiven Aktivitäten. Wie ein vor kurzem freigegebenes Dokument aus dem Archiv der KPdSU belegt, plante Moskau ungeachtet der offiziellen Zusammenarbeit mit den türkischen Nationalisten insgeheim deren Sturz. So heißt es in der Ende 1920 von Lenin aufgesetzten Direktive:

> Misstraut den Kemalisten; gebt ihnen keine Waffen, konzentriert alle Anstrengungen auf die sowjetische Agitation unter den Türken und darauf, in der Türkei eine schlagkräftige Sowjetpartei aufzubauen, die aus eigener Kraft heraus den Sieg zu erringen imstande ist.[3]

Kemal seinerseits begrüßte zwar Moskaus Hilfe und plante auch den Aufbau eines Einparteiensystems nach sowjetischem Vorbild, hatte jedoch nicht die Absicht, Kommunisten auf türkischem Boden zu dulden. Zwei Monate, nachdem ein türkisches Komintern-Mitglied die Türkische Kommunistische Partei gegründet hatte, wurden er und 15 seiner Mitstreiter tot aufgefunden, aller Wahrscheinlichkeit nach ermordet von Kemalisten.

Mit einem viel größeren, von den Umständen her aber ähnlichem Fiasko endete Moskaus Vorstoß in Richtung China. China besaß für die Komintern eine herausragende Bedeutung und schien zudem ungewöhnlich gute Voraussetzungen zu bieten. In dem bevölkerungsreichsten Land der Erde herrschte, nachdem es von den europäischen Mächten und Japan rücksichtslos ausgebeutet worden war, eine ausgeprägte Fremdenfeindlichkeit, die sich periodisch in Ausschreitungen und Unruhen Bahn brach. Sun Yat-sen, der als Führer der Nationalistischen Partei (der Kuomintang) seit 1911 China regierte, bewunderte die Sowjetunion dafür, dass es ihr gelungen war, sich aus der ökonomischen und politischen Beherrschung durch das Ausland zu befreien. Obwohl China ein primär agrarisch geprägtes Land war, besaß es eine Arbeiterklasse, die größtenteils in der in Schanghai konzentrierten Leichtindustrie beschäftigt war. Lenin setzte große Hoffnungen auf China, auch wenn er sicherlich übertrieb, als er gegenüber einer diplomatischen Mission aus Peking die Ansicht äußerte, dass »die chinesische Revolution [...] eines Tages den Sturz des Weltimperialismus herbeiführen« werde.

Auch Chiang Kai-shek, der ab 1925 die Kuomintang anführte, zeigte sich von dem sowjetischen Vorbild tief beeindruckt und lud sowjetische »Berater« ein, die in Massen nach China strömten. Die 1921 auf Anweisung Moskaus gegründete Kommunistische Partei Chinas, der fast ausschließlich Studenten und Literaten angehörten, behielt wie von der Komintern gefordert ihre Selbstständigkeit. Doch ab 1923 traten viele ihrer Mitglieder der Kuomintang bei, und zwar auf Order Moskaus, das hoffte, auf diese Weise eine antiimperialistische Front in China aufbauen zu können. Aus demselben Grund bot der Kreml der Kuomintang auch militärische und politische Unterstützung an. Allerdings häuften sich die Differenzen zwischen den beiden Partnern, insbesondere als 1925 Sun Yat-sen starb und Chiang Kai-shek die Führungsrolle übernahm. Im April 1927 schließlich ließ Chiang alle Kommunisten aus der Kuomintang ausschließen und Tausende von ihnen ermorden.

Stalin zog aus diesem Debakel die Schlussfolgerung, dass es fruchtlos war, den Nationalismus in den Ländern der Dritten Welt für kommunistische Zwecke einzuspannen. Aus diesem Grund widerrief der Komintern 1928 auf seinem VI. Kongress die bis dahin gültige Politik der Zusammenarbeit mit der »nationalen Bourgeoisie«. Von diesem Zeitpunkt bis zu Stalins Tod ein viertel Jahrhundert später engagierte sich die UdSSR kaum noch in den Kolonien und halbkolonialen Regionen. Zugleich stellte die Sowjetunion ihre Zusammenarbeit mit der nationalen »Bourgeoisie« in diesen Ländern und Regionen ein, die sie auch, nachdem diese Länder ihre Unabhängigkeit erreicht hatten, als »Lakaien« der imperialistischen Mächte betrachtete – mit der Folge, dass beispielsweise in der Ausgabe der *Großen Sowjetenzyklopädie* von 1953 Mahatma Gandhi als »Agent des britischen Imperialismus« bezeichnet wurde. Stattdessen konzentrierte die UdSSR ihre Auslandsaktivitäten auf die jeweiligen Kommunistischen Parteien, unabhängig von der Zahl ihrer Mitglieder und ungeachtet der Tatsache, ob sie in der Legalität oder der Illegalität arbeiteten. 1948 organisierte Moskau eine Serie bewaffneter kommunistischer Revolten in Südostasien – in Birma, Malaysia, Indonesien sowie auf den Philippinen –, die mit nur einer Ausnahme unterdrückt wurden. Den einzigen Erfolg konnten die Kommunisten in Indochina (Vietnam) verzeichnen, wo 1954 eine einheimische Guerillaarmee die Franzosen aus der nördlichen Landeshälfte vertrieb. Solange Stalin am Leben war, konzentrierte sich die Außenpolitik der UdSSR auf den Aufbau der eigenen industriellen und militärischen Macht und darauf, Zwietracht zwischen den anderen Großmächten zu säen.

Auf den ersten Blick stellte der Sieg der chinesischen Kommunisten über die Kuomintang und die Eroberung ganz Festlandchinas einen gewaltigen Sieg für die kommunistische Sache dar. Mit einem Schlag gerieten eine halbe Milliarde Menschen in den Einflussbereich der marxistisch-leninistischen Bewegung, nahezu das Doppelte der Zahl, die bis dahin in kommunistisch regierten Ländern gelebt hatten. Allerdings erwies sich dieser Triumph als ein zweifelhafter, denn der Preis, zu dem er erkauft wurde, war die internationale Einheit der Bewegung: Das kommunistische China ging bald schon seine eigenen Wege und löste damit eine Spaltung der Bewegung aus. Einmal mehr triumphierte der Nationalismus über das Klassenbewusstsein.

Im Oktober 1927 zog sich das, was von der chinesischen kommunistischen Organisation nach Chiang Kai-sheks Säuberungsaktion noch übrig war, in das ländliche Hinterland zurück. Mao Tse-tung (Mao Zedong), einer der Führer der Bewegung und lange Zeit ein überzeugter Anhänger der Kuomintang, verbrachte nach dem Bruch mit Chiangs Nationalisten nahezu die gesamten nächsten zwanzig Jahre mit dem Aufbau einer Guerillaarmee. 1931 proklamierten die chinesischen Kommunisten die Gründung einer chinesischen Sowjetrepublik, doch weder damals noch während des Zweiten Weltkriegs zeigte Stalin irgendwelche Bestrebungen, seinen Genossen in China zu Hilfe zu eilen. Zum einen kam es ihm mehr darauf an, die Interessen der UdSSR im Fernen Osten zu sichern, als den Kommunismus in der Region zu fördern, und diese Interessen verlangten ein starkes, vereintes China, das Japan in Schach zu halten vermochte. Da in seinen Augen die Kuomintang dazu weitaus eher in der Lage war, zog er es vor, Chiang zu unterstützen. Später, nach den Erfahrungen, die Stalin mit einer unabhängigen Kommunistischen Partei in Jugoslawien gemacht hatte – die jugoslawischen Kommunisten hatten 1948 unter Führung Titos die Befehle Moskaus missachtet und schlussendlich mit der KPdSU gebrochen –, fürchtete er, dass China dem Vorbild Jugoslawiens folgen würde, und versuchte Mao zu einem Ausgleich mit der Kuomintang zu überreden. Doch Mao schlug Stalins Ratschlag in den Wind und eroberte an der Spitze einer Bauernarmee bis 1949 ganz Festlandchina.

Auch nachdem Mao zum unumstrittenen Herrscher über China aufgestiegen war, wurde er von Stalin am Gängelband geführt. China war so abhängig von der wirtschaftlichen und militärischen Unterstützung durch die UdSSR, dass Mao nichts anderes übrig blieb, als seinen Stolz zu schlucken und die Sowjetunion als Führer und Vorbild zu akzeptieren. Als jedoch nach Stalins Tod Chruschtschow das Ruder in Moskau in die Hand nahm, revidierte Mao, der die neuen Führer in Moskau als Verräter an der kommunistischen Sache betrachtete, seine Einstellung gegenüber dem Mutterland des Kommunismus. 1959 kam es beinahe zu einem Bruch der Beziehungen zwischen Peking und Moskau, wofür hauptsächlich Moskaus Weigerung verantwortlich war, China an seiner Nukleartechnologie teilhaben zu lassen. Im darauf folgenden Jahr zog Chruschtschow in einem einseitigen Schritt sowjetische Berater aus China zurück.

Unter Mao entwickelte sich in China rasch eine eigenständige Form des Kommunismus. Nach Auffassung eines führenden Marxismusexperten scheint die Ideologie Maos »jedoch von Werten dominiert zu werden, die dem Marxismus gänzlich fremd« sind, was, so dieser Experte weiter, vor allem verdeutlicht, »wie unbegrenzt plastisch Doktrinen sind, die, aus welchen historischen Gründen auch immer, beträchtlichen Einfluss gewonnen haben«.[4] In praktisch jedem wichtigen Punkt stellte Mao Marx sozusagen auf den Kopf. Statt die Revolution mit Hilfe der Industriearbeiter zu bewerkstelligen, erhob Mao das Bauerntum in den Rang der zentralen revolutionären Klasse: Nicht die Europäer (zu denen er auch die Russen zählte), verkündete Mao, würden die Weltrevolution vorantreiben, sondern die Völker Asiens, Afrikas und Lateinamerikas. Auch Marx' geflügeltes Wort, dass »nicht das Bewusstsein das Leben bestimmt, sondern das Leben bestimmt das Bewusstsein«,[5] mit anderen Worten, die materiellen Bedürfnisse definieren, wie Menschen denken und fühlen, wies Mao zurück, der vielmehr der Ansicht war, dass die Ideen das Verhalten bestimmen: Die für den Marxismus entscheidenden »objektiven Faktoren« lehnte Mao als »bourgeoises« Denken ab. Hatten die Massen erst einmal beschlossen, etwas zu erreichen, konnte nichts und niemand sie mehr aufhalten. Da Wissen die Entschlossenheit der Massen schwächen konnte, war es potenziell schlecht; aus diesem Grund war es schädlich, zu viel zu lesen. Die neue Gesellschaft und der neue Mensch wurden, so Mao, nicht durch veränderte ökonomische und gesellschaftliche Bedingungen erschaffen, sondern durch Veränderungen des kulturellen und intellektuellen »Überbaus«. Dies repräsentierte einen Revisionismus ganz eigener Art: Im Gegensatz zu dem auf Eduard Bernstein aufbauenden westlichen Revisionismus, der die marxistische Doktrin durch die Anpassung an die Realität zu korrigieren suchte, ignorierte der Revisionismus Maos schlicht die Realität.

Dieses unorthodoxe Denken verstärkte die Entfremdung zwischen Peking und Moskau. Auf dem XX. Parteikongress verkündete Moskau den Beginn der Entspannungspolitik mit dem Westen und erklärte, dass Kriege für den globalen Triumph des Kommunismus nicht länger notwendig wären, da die weltweite Ausbreitung des Kommunismus historisch unvermeidlich sei. Mao, der seit dem Aufbau des sowjetischen Interkontinentalraketenarsenals eine aggressivere Politik gegenüber dem kapitalistischen Westen forderte, kritisierte diese Kursänderung. Er lehnte Chruschtschows Doktrin ab, dass der Kommunismus ohne Gewaltanwendung allein auf demokratischem Wege die Weltherrschaft erringen würde. Für Mao blieb Krieg das Mittel der Wahl: »Kriege [...] sind die höchste Kampfform [zur] Lösung der Widersprüche«, und »die politische Macht kommt aus den Gewehrläufen«.[6]

Damit stellte Mao sich gegen die These, dass mit der Erfindung thermonuklearer Waffen der Krieg als Mittel der Politik obsolet geworden sei, und bezeichnete die Atombombe als einen »Papiertiger, mit dem die amerikanischen US-Reaktionäre die Menschen einschüchtern wollen. Sie sieht fürchterlich aus, aber in Wirklichkeit ist sie es nicht.«[7] Die ab 1968 von den beiden Supermächten verfolgte Politik der Rüstungskontrolle lehnte er als Verrat ab, und für Leute, die fürchteten, dass ein Atomkrieg das Ende allen Lebens auf der Erde bedeuten würde, hatte er nur Hohn und Spott übrig. Mit erstaunlicher Unbekümmertheit schrieb er:

> Die Hälfte der Menschheit [würde] sterben, wenn es zum Schlimmsten käme; die andere Hälfte aber würde überleben, und nach Ausrottung des Imperialismus würde die ganze Welt sozialistisch werden; nach einigen Jahren würde es wieder 2,7 Milliarden oder auch noch mehr Menschen geben.[8]

Auch was die Dritte Welt anging, hielt Mao an der stalinistischen Linie fest und lehnte die von Moskau verfolgte poststalinistische Strategie ab, linke Regime in ehemaligen Kolonialländern (zum Beispiel Nehru in Indien oder Nasser in Ägypten) zu unterstützen.

Doch die eigentliche Ursache des sich zuspitzenden Konflikts zwischen den beiden Ländern, der 1969 sogar zu bewaffneten Zusammenstößen an der sino-sowjetischen Grenze führte, waren nicht Differenzen in taktischen oder strategischen Fragen, so wichtig diese auch sein mochten, sondern der Kampf um die Hegemonie innerhalb der globalen kommunistischen Bewegung. Moskau hatte sich von Anfang an als unumstrittener Führer der kommunistischen Bewegung gesehen, ein Anspruch, der 1920 in den Statuten der Komintern offiziell festgehalten und seitdem niemals widerrufen worden war. 1956 hatte Chruschtschow in einer nicht für das Protokoll bestimmten Rede in Warschau erklärt, dass Stalin Mao gesagt hatte, dass Moskau in allen, das kommunistische Lager betreffenden Angelegenheiten stets das letzte Wort zustand. Nach 1956 weigerte Mao sich jedoch, sich an diese Regel zu halten, da er Stalins Nachfolger des Verrats am Marxismus-Leninismus bezichtigte. Er betrachtete sich nun nicht nur als den Moskauer Führern ebenbürtig, sondern als ihnen überlegen. Schon vor seinem Aufstieg zum Herrscher über China hatte er für sich in Anspruch genommen, eine marxistische Doktrin für die nichtwestlichen Länder der Welt entwickelt zu haben, in denen die Revolution nicht von den Arbeitern, sondern von den Bauern ausgehen würde. Dazu passt, dass bereits 1945 einer von Maos engsten Mitstreitern erklärt hatte, dass »Mao Tse-tungs großer Verdienst darin besteht, aus dem Marxismus europäischer Prägung einen Marxismus asiatischer Prägung gemacht« und damit eine Doktrin geschaffen zu haben, an der sich der große Teil der Menschheit orientieren würde, der unter denselben Bedingungen lebte wie die Chinesen. Später bediente sich Peking in dem Bemühen, die Sowjetunion aus Afrika zu vertreiben, sogar rassistischer Argumente und warf den Russen vor, als »Weiße« unmöglich die Bedürfnisse der Menschen Asiens oder Afrikas verstehen zu können. In China wurde Mao als der Verkünder des wahren Glaubens gefeiert, und Bücher wie das 1966 erschienene Werk *Die Brillanz von Mao Tse-tungs Denken erleuchtet die gesamte Welt* waren nicht untypisch für die Verehrung, die dem Vorsitzenden der Kommunistischen Partei Chinas zuteil wurde. »Der ursprüngliche Disput über alternative revolutionäre Strategien«, schrieb ein Kenner der Materie, »[entwickelte] sich früh zu einem Kampf um die Macht in der internationalen Kommunistischen Bewegung [...].«[9]

Der sino-sowjetische Konflikt enthüllte eine ebenso elementare wie unheilbare Schwäche des internationalen Kommunismus: Die Kommunisten in anderen Ländern waren nur solange bereit, Moskaus Führungsanspruch zu akzeptieren, solange ihnen eine breite nationale Basis fehlte und sie auf die finanzielle und militärische Unterstützung der Sowjetunion angewiesen waren, mit anderen Worten, solange sie marginalisiert und machtlos waren. Konnten sie sich dagegen eine starke Hausmacht schaffen, wie es zuerst in Jugoslawien und dann in China der Fall war, verwandelten sie sich in autonome politische Kräfte, die an und für sich den internationalen Kommunismus stärkten. Zugleich jedoch weigerten sie sich, weiterhin Befehle aus Moskau entgegenzunehmen oder die nationalen Interessen der Sowjetunion über ihre eigenen zu stellen. Daraus resultierte für die Sowjetführer ein Dilemma: Je erfolgreicher die ausländischen Kommunisten waren, umso unabhängiger wurden sie und umso weniger war Moskau in der Lage, sie zu kontrollieren. Wäre es der Sowjetunion Ernst damit gewesen, den Kommunismus in die ganze Welt zu tragen, dann hätte sie ihren Führungsanspruch aufgeben und der These abschwören müssen, dass die Interessen der Sowjetunion und die des Kommunismus miteinander identisch waren. Das jedoch hätte die internationale Bewegung zersplittert und sie zentrifugalen Kräften ausgesetzt. Die Bewegung hätte das verloren, was für Lenin die fundamentale Eigenschaft seines Regimes war: ihren rigorosen Zentralismus.

Die von Stalins Erben nach seinem Tod verfolgte Strategie, die antiimperialistischen Kräfte in der Dritten Welt zu unterstützen, versprach in den fünfziger Jahren viel mehr Aussicht auf Erfolg als dreißig Jahre zuvor, hatten doch die imperialen Mächte die meisten ihrer Kolonien in die Unabhängigkeit entlassen, darunter so bevölkerungsreiche und strategisch wichtige Länder wie Indien, Indonesien und Ägypten. In der Mehrzahl der Fälle wurden diese Länder von politisch unerfahrenen nationalistischen Führern regiert, die unter chronischem Geldmangel litten und die politische Souveränität lediglich als einen ersten Schritt auf dem Weg zu einer wirklichen, auf wirtschaftlicher Selbstsuffizienz basierenden Unabhängigkeit verstanden. Viele dieser Politiker bewunderten die Sowjetunion als ein Land, das aus eigener Kraft den Sprung aus der wirtschaftlichen Rückständigkeit zur Industriemacht geschafft hatte. In dem Bestreben, diesem Vorbild nachzueifern, begrüßten sie sowjetische Berater und Entwicklungshilfe. In manchen Fällen sahen machthungrige Diktatoren die Sowjetunion auch als Garant für ihre eigene Machtbasis: Im Austausch dafür, dass sie ihre Länder zu »sozialistischen« Republiken erklärten, halfen ihnen die

Sicherheitsorgane und Streitkräfte des kommunistischen Blocks bei der Abwehr innen- und außenpolitischer Feinde.

Mit dem Ziel, eine die halbe Weltbevölkerung umfassende Allianz gegen den Westen und vor allem die Vereinigten Staaten zu schmieden, engagierte sich Moskau ab 1956 aktiv in der Dritten Welt. Dabei variierten die Methoden, mit denen Moskau versuchte, einen Fuß in die Tür zu bekommen. In Indien finanzierte und leitete es den Bau eines riesigen Stahlwerks, anderswo baute man Staudämme, Bäckereien und dergleichen. In Ägypten half Moskau Nasser beim Bau des Assuan-Staudamms, mit dem das Land zum ersten Mal in der Lage war, das alljährliche Nilhochwasser zu kontrollieren – Aktionen, mit denen das »eigennützige« Verhalten des kapitalistischen Westens bloßgestellt werden sollte. Moskau lieferte den Arabern Waffen im Kampf gegen Israel und den Äthiopiern im Kampf gegen Somalia. Zusammen mit dem Geld schickte Moskau »Berater« und legte so den Grundstein für eine weltweite physische Präsenz. Zugleich erzeugte die Entwicklungshilfe eine wirtschaftliche Abhängigkeit, die sich in eine politische Abhängigkeit umsetzen ließ.

Unter dem Strich jedoch brachte diese ehrgeizige und kostspielige Politik Moskau vergleichsweise wenig ein. Der Sowjetunion fehlten schlicht die ökonomischen Ressourcen, auf die Dauer die durch diese neue Dritte-Welt-Politik geweckten Erwartungen zu befriedigen. In einem Land nach dem anderen, vom Nahen Osten bis hinunter nach Afrika, versuchte Moskau mit Hilfe massiver Finanz- und Militärhilfen neu entstandene Machtvakua zu besetzen – nur um dann mit ansehen zu müssen, wie sein neuer Verbündeter durch ein unvorhergesehenes Ereignis von der politischen Landkarte gefegt wurde oder schlicht seine Meinung änderte. Moskau musste auf schmerzliche Weise erfahren, dass man, wie jemand einmal gesagt hat, Dritte-Welt-Führer nicht kaufen, sondern nur mieten kann.

Abgesehen davon, dass die sowjetischen Aktivitäten in der Dritten Welt tiefe Löcher in Moskaus Haushalt rissen, erreichte es damit vor allem eines: den Westen aufzuschrecken und den Kalten Krieg zu verschärfen.

Die von der Wissenschaftlichkeit ihrer Doktrin überzeugten Marxisten/Leninisten versuchten, ihre Erfahrungen zu analysieren und aus ihren Fehlern zu lernen. Dabei ging es ihnen jedoch weniger um die eigentlichen – und jenseits aller Kritik stehenden – Ziele der Bewegung, sondern vielmehr um Fragen der Strategie und Taktik. Lenin hatte von Marx gelernt, dass man, um eine Konterrevolution zu vermeiden, die institutionelle Struktur des Kapitalismus von Grund auf vernichten musste. Angesichts des Revisionismus von Stalins Nachfolgern kam Mao nun zu dem Schluss, dass es mit der Vernichtung der Institutionen allein nicht getan war: Man musste auch die Menschen ändern. Den Menschen zu ändern, also einen neuen, besseren Menschen zu erschaffen, war natürlich auch das Endziel des Marxismus. Doch Mao gelangte zu der Auffassung, dass dies ohne Verzögerung in Angriff genommen werden musste, und er widmete seine gesamte Regierungszeit der Aufgabe, dieses Ziel in die Tat umzusetzen.

Das von den chinesischen Kommunisten errichtete totalitäre Regime war eng an das sowjetische Modell angelehnt. Auch was die Wirtschaftspolitik anging, folgte Mao zunächst getreu Stalins Vorbild; er kollektivierte die Landwirtschaft und trieb mit Fünfjahresplänen die Industrialisierung des Landes voran. Allerdings gab es bereits damals augenfällige Unterschiede. Dazu gehörte, dass die chinesischen Kommunisten entschlossen waren, wirkliche intellektuelle und geistige Konformität zu erreichen.* Im Gegensatz zu den Herrschern im Kreml, die sich als Erben des Zarismus wenig darum scherten, was die Menschen dachten, solange sie nur der Parteilinie folgten und zumindest vorgaben zu glauben, waren die chinesischen Kommunisten entschlossen, die ursprüngliche intellektuelle und geistige Übereinstimmung zu ereichen. Diese Einstellung wurzelte im Konfuzianismus, der großen Wert auf moralische Makellosigkeit legt und fordert, dass die Herrschaft des Staates auf moralischer Tugend statt auf bloßem Zwang beruht. Unmittelbar jedoch inspiriert wurde diese Einstellung von Maos Angst, dass China dasselbe Schicksal wie die Sowjetunion erleiden, das heißt sich dem Revisionismus zu- und vom wahren Glauben abwenden würde, sollte es ihm nicht gelingen, die Chinesen dazu zu bringen, die Lehren von Marx, Lenin und ihm selbst vollständig zu assimilieren.

Zu diesem Zwecke führte Mao eine Reihe bizarrer, schlussendlich erfolgloser Experimente durch, die zahllose Menschenleben forderten und das Land in seiner Entwicklung weit zurückwarfen. Millionen von Chinesen, darunter vor allem Intellektuelle, die im Verdacht standen, anachronistisches oder subversives Gedankengut zu hegen, wurden Opfer einer systematischen »Umerziehung«, in vielen Fällen in Konzentrations-

* Viele Beobachter betrachten die zwangsweise Indoktrination als ein Kernelement des sowjetischen Kommunismus. Diese Fehleinschätzung mag darauf zurückzuführen sein, dass in den ersten vierzig Jahren des Regimes Ausländer praktisch ihr gesamtes Wissen über die UdSSR aus sowjetischen Quellen bezogen und diese die Uniformität des Denkens und die bedingungslose Hingabe zur kommunistischen Ideologie hervorhoben. Die Realität sah jedoch ganz anders aus.

lagern, deren Insassen einer sehr treffend als »Gehirnwäsche« beschriebenen Prozedur unterzogen wurden.

Dieselben Motive standen auch hinter dem 1958 ausgerufenen, so genannten Großen Sprung nach vorn. Angetrieben von dem Wunsch, der Welt zu beweisen, dass China einen besseren und schnelleren Weg als die Sowjetunion zur Überwindung der ökonomischen Rückständigkeit gefunden hatte, verkündete Mao, dass China binnen fünf Jahren mehr Kohle und Stahl produzieren würde als Großbritannien. In die Tat umsetzen sollten das über eine halbe Milliarde Menschen, die in 24 000 »Volkskommunen« zusammengepfercht wurden, in denen kleinindustrielle Werkstätten und Landwirtschaft nebeneinanderher betrieben wurden. Der Große Sprung nach vorn – der vielleicht besser als alles andere Maos Bereitschaft illustrierte, die ökonomischen Realitäten zu ignorieren – gründete auf der in *Worte des Vorsitzenden Mao Tse-tung* (besser bekannt unter dem Titel *Maobibel* und einige Zeit lang das einzige in China erlaubte Buch) niedergeschriebenen These, dass das chinesische Volk eine *Tabula rasa* darstellte:

> Außer anderen Besonderheiten hat die sechshundertmillionenköpfige Bevölkerung Chinas eine augenfällige Besonderheit: sie ist einmal arm, zum anderen weiß wie ein unbeschriebenes Blatt. Das scheint eine schlechte Sache zu sein, ist aber in Wahrheit eine gute Sache. Armut drängt zur Änderung, zur Tat, zur Revolution. Ein weißes Blatt Papier ist durch nichts beschwert, auf ihm lassen sich die neuesten und schönsten Schriftzeichen setzen, die neuesten und schönsten Bilder malen.[10]

Und das über ein Volk, das auf eine mehrtausendjährige Staatsgeschichte zurückblicken konnte.

Dafür, was der Mensch zu Wege bringen konnte, hatte er sich erst einmal etwas in den Kopf gesetzt, sollte es keine Grenzen geben: Eine der Losungen des Großen Sprungs nach vorn lautete: »Wir werden die Sonne und den Mond lehren, die Plätze zu tauschen. Wir werden den Menschen einen neuen Himmel und eine neue Erde erschaffen.« Der Marxismus, dessen Gründer darin eine strikt materialistische Doktrin gesehen hatten, verwandelte sich in den Händen des selbst ernannten marxistischen Diktators in Peking in einen utopischen Idealismus, der die Realität der menschlichen Willenskraft unterordnete.

Schließlich nahm das wirtschaftliche Chaos ein solches Ausmaß an, dass der Große Sprung abgebrochen werden musste – zu spät für zahllose Millionen Chinesen. Amerikanische Demographen, die nach Maos Tod Zugang zu den Bevölkerungsstatistiken erhielten, ermittelten, dass die durch den Großen Sprung ausgelöste Hungersnot, von der die Welt damals so gut wie nichts mitbekam, 30 Millionen Opfer gefordert hatte.[11] Doch selbst diese Katastrophe konnte Mao, dessen Größenwahn geradezu pathologische Ausmaße annahm, nicht von seinem Kurs abbringen. 1966 startete er, der sich innerhalb seiner eigenen Partei zusehends isoliert fühlte, eine neue und für das Land ebenso verheerende Kampagne. Der neue Feldzug richtete sich gegen Intellektuelle und Parteifunktionäre, denen Mao unterstellte, China auf denselben verräterischen Pfad zu führen, den die Sowjetunion eingeschlagen hatte. Zur Durchführung der offiziell als »Große Proletarische Kulturrevolution« bezeichneten Kampagne – treffender wäre von einer auf Vernichtung zielenden kulturellen Konterrevolution zu sprechen – wurden die aus städtischen Jugendlichen rekrutierten Roten Garden gegründet. Was folgte, war ein historisch beispielloses Ereignis: Ein zum Teil von dem Wunsch, den revolutionären Eifer neu zu entfachen, zum Teil von Größenwahn getriebener Herrscher brachte das kulturelle Leben des gesamten Landes zum Stillstand. Mehrere Jahre lang tobten in China, einer der ältesten Zivilisationen der Welt, barbarische Horden, denen beigebracht worden war, dass alles, was sich ihrem Verständnis entzog, vernichtet werden durfte. Auf dem Höhepunkt der Kulturrevolution waren sämtliche Schulen des Landes geschlossen, und außer Lehrbüchern und Maos eigenen Werken gab es keine Bücher zu kaufen. Das Aufführen westlicher Musik war verboten. Gezielt attackierten die Roten Garden Intellektuelle. Sie zwangen sie, sich öffentlich zu demütigen, und viele wurden gefoltert und ermordet, ein Schicksal, das auch Tausende von Parteifunktionären ereilte. Erst nach Maos Tod 1976 wurde diesem Wüten Einhalt geboten, in dessen Folge nicht nur eine ganze Generation ohne jegliche Bildung aufgewachsen, sondern darüber hinaus auch moralisch und psychologisch vergewaltigt worden war.

Obwohl jeder in China, der es wagte, den Großen Sprung nach vorn oder später die Kulturrevolution zu kritisieren, mit der sofortigen Verhaftung zu rechnen hatte, sympathisierten im Westen etliche radikale Intellektuelle mit Maos Barbarei und suchten Inspiration in seinen langatmigen Schriften.

Unter Maos Nachfolger Deng Xiao-ping hörten die wilden Experimente auf. 1979 initiierte er einen vorsichtigen Kurs der marktwirtschaftlichen Reform, mit der er den unternehmerischen Geist seiner Landsleute wieder belebte. Seitdem steuert China, wenn auch seiner Ideologie und Regierungsform nach weiterhin kommunistisch, einen Kurs der wirtschaftlichen Privatisierung, der unter dem Strich eine Abkehr vom wichtigsten Grundpfeiler der kommunistischen Lehre bedeutet, die Abschaffung allen Privateigentums.

Revolutionäre Bewegungen und Regime neigen bis zu einem gewissen Punkt dazu, immer radikaler und rücksichtsloser zu werden. Das liegt daran, dass ihre Führer sich weigern, die zentralen Prämissen ihres Handelns neu zu bewerten, da sie eben aus diesen Prämissen ihre Daseinsberechtigung ableiten. Stattdessen ziehen sie es in dem Glauben, dass an dem Versagen allein ihre mangelnde Entschlossenheit schuld sei, vor, diese Prämissen umso rücksichtsloser umzusetzen. Wenn nichts, auch die unmenschlichsten Methoden nicht, zum gewünschten Erfolg führen, erlahmt der revolutionäre Eifer und lehnen sich die Erben der Gründungsväter zurück, um das Leben zu genießen.

So wie im Holocaust die wahre Natur des Nationalsozialismus zum Vorschein kam, so verkörperte die Herrschaft der Roten Khmer in Kambodscha von 1975 bis 1978 den Kommunismus in seiner Reinkultur, genauer gesagt, die Form, die er annimmt, wenn er bis zu seiner logischen Endform weitergeführt wird. Die Führer der Roten Khmer schreckten vor nichts zurück, um ihr Ziel zu erreichen, das darin bestand, die erste wirklich egalitäre Gesellschaft in der Geschichte der Menschheit zu erschaffen, und wenn dies bedeutete, so viele ihrer Landsleute auszulöschen, wie es ihnen zur Durchsetzung ihres Ziels erforderlich erschien. Was sich in Kambodscha abspielte, war die extremste Manifestation der der kommunistischen Ideologie inhärenten Hybris, des Glaubens an die grenzenlose Macht einer von der marxistischen Doktrin angeleiteten Elite, mit dem Willen und der Bereitschaft, wenn nötig brutalste Gewalt einzusetzen, um das Leben von Grund auf umzugestalten. Was daraus folgte, waren Verheerung und Leid in unvorstellbarem Ausmaß.

Die Führungsspitze der Roten Khmer erhielt ihre Ausbildung in Paris, wo sie Rousseaus Vision des »natural man« sowie die Ausführungen Frantz Fanons und Jean-Paul Sartres zur Anwendung von Gewalt im Kampf gegen den Kolonialismus aufsogen. (»In der ersten Zeit des Aufstands muss getötet werden«, schrieb Sartre. »Einen Europäer erschlagen heißt [...], einen Unterdrücker und einen Unterdrückten aus der Welt zu schaffen. Was übrig bleibt ist ein toter Mensch und ein freier Mensch.«) Nach ihrer Rückkehr nach Kambodscha stellten die Führer der Roten Khmer im nordöstlichen Bergland eine hoch disziplinierte Kampfgruppe auf, die sich hauptsächlich aus un- und halbgebildeten Jugendlichen aus den ärmsten Bauernfamilien rekrutierte. Die zumeist 12- bis 14-jährigen Jugendlichen lernten in einer intensiven Indoktrination, alle zu hassen, die anders waren als sie, vor allem Stadtbewohner und Angehörige der vietnamesischen Minderheit im Land. Um ihnen eine »Liebe zum Töten und somit auch für den Krieg« einzuimpfen, übten sie nach dem Vorbild der SS in Nazideutschland das Foltern und Abschlachten an Tieren.

Ihre Zeit kam Anfang 1975, als die Roten Khmer die von den Amerikanern eingesetzte Regierung Lon Nol stürzten und die kambodschanische Hauptstadt Phnom Penh einnahmen. Die Bevölkerung ahnte nicht, was ihr bevorstand, hatten die Roten Khmer in ihrer Propaganda doch versprochen, die Diener der alten Regierung zu begnadigen, und alle Klassen zum Kampf gegen die »Imperialisten« und Grundbesitzer aufgerufen. Doch die Truppen der Roten Khmer waren kaum in Phnom Penh eingerückt, da zeigten sie ihr wahres Gesicht. In der Überzeugung, dass die Städte die Brutstätten des Bösen waren – oder, wie Fanon sagt, der Hort von »Verbrechern und Schurken« –, befahlen sie die Evakuierung der Hauptstadt mit ihren 2,5 Millionen Einwohnern und aller anderen größeren Städte. Die auf das Land Vertriebenen durften nur mitnehmen, was sie tragen konnten. Innerhalb einer Woche waren alle kambodschanischen Städte menschenleer. Vier Millionen Menschen, 60 Prozent der Gesamtbevölkerung, wurden aus ihren Häusern vertrieben und mussten, unterernährt und zur Schwerstarbeit gezwungen, ihr Leben unter erbärmlichsten Bedingungen fristen. Alle Sekundär- und weiterführenden Schulen wurden geschlossen.

Dann fing das Schlachten an. Im Gegensatz zu Mao, den er bewunderte und dem er in vielerlei Hinsicht nacheiferte, verschwendete der Führer der Roten Khmer keine Zeit auf »Umerziehungsmaßnahmen«, sondern machte sich sofort daran, jene Bevölkerungsgruppen, die er der tatsächlichen oder mutmaßlichen Feindschaft gegenüber dem neuen Regime verdächtigte, ausrotten zu lassen: alle zivilen und militärischen Angestellten des alten Regimes, ehemalige Grundbesitzer, Lehrer, Händler, buddhistische Mönche und selbst Facharbeiter. Die Angehörigen dieser Gruppen – die zumindest potenziell über zwei Drittel der Gesamtbevölkerung Kambodschas stellten – wurden offiziell zur untersten Bürgerschicht erklärt und aller Rechte beraubt, einschließlich des Rechts auf die Zuteilung von Lebensmittelrationen. Viele von ihnen kamen bei Massenexekutionen ums Leben, zahllose andere mussten in Arbeitslagern schuften, bis sie an Auszehrung starben. Sie wurden systematisch verhaftet, verhört und so lange gefoltert, bis sie andere denunzierten, und wurden dann hingerichtet. Den Exekutionen fielen ganze Familien zum Opfer, selbst Kleinkinder, denn Pol Pot glaubte, dass abweichlerische Gedanken und Einstellungen, eine Folgeerscheinung der gesellschaftlichen Position, des Bildungsgrades oder des Berufs eines Individuums, »schädliche Mikroben« waren, die sich wie eine ansteckende Krankheit ausbreiteten. Auch Mitglieder der Kommunistischen Partei Kambodschas waren nicht davor gefeit, als ansteckungsgefährdet eingestuft und hingerichtet zu werden. Als die Vietnamesen später die Roten Khmer aus Kambodscha vertrieben, fanden sie ganze Berge von Schädeln der Opfer dieser Massaker.

Ebenso wenig blieben die Bauern verschont, die zum Beitritt in nach chinesischem Vorbild organisierte »Kollektive« gezwungen wurden. Der Staat beschlagnahmte alle von den Kollektiven erzeugten Nahrungsmittel, hortete sie wie die alten Ägypter in Tempeln und Regierungsgebäuden und verteilte sie nach eigenem Gutdünken. Diese, die traditionellen Anbaumethoden missachtende Politik führte zu einem Rückgang der landwirtschaftlichen Erträge, was nach einer ungewöhnlich harten Dürre 1978/1979 in einer großen Hungersnot mündete.

Die Zahl der Morde nahm im Laufe der insgesamt 44 Monate, die die Roten Khmer Kambodscha beherrschten, immer mehr zu. Um erschossen zu werden, reichte es schon aus, zu spät zur Arbeit zu kommen, sich über das schlechte Essen zu beschweren, die Regierung zu kritisieren oder vorehelichen Sex zu haben. Von ihrer Brutalität und ihrem Sadismus her standen die Verbrechen der Roten Khmer auf einer Stufe mit den von den Nationalsozialisten begangenen Gräueltaten. Es gab Berichte, nach denen Kinder gezwungen wurden, ihre eigenen Eltern zu töten, und François Ponchaud berichtete davon, dass an der Grenze zu Vietnam

> Soldaten der Roten Khmer Vietnamesinnen vergewaltigten, bevor sie ihnen einen Stock oder ein Bajonett in die Vagina rammten. Schwangeren Frauen wurde der

> Bauch aufgeschnitten. Die Soldaten rissen die Föten heraus und schlugen damit den sterbenden Müttern ins Gesicht. Die *Yotheas* (Jugendliche) machten sich auch einen Spaß daraus, üppig gebauten Vietnamesinnen die Brüste abzuschneiden.[12]

Die Bilanz dieser Massaker war verheerend. Laut Schätzungen zählte Kambodscha, als Pol Pot 1975 die Macht an sich riss, 7,3 Millionen Einwohner; als die Vietnamesen 1978 die Kontrolle übernahmen, war die Bevölkerungszahl des Landes auf 5,8 Millionen gesunken. Berücksichtigt man das natürliche Bevölkerungswachstum in diesen vier Jahren, hätte die Bevölkerung Kambodschas über acht Millionen betragen müssen.[13] Mit anderen Worten, das Regime Pol Pots war verantwortlich für den Tod beziehungsweise ein Bevölkerungsdefizit von über zwei Millionen Kambodschanern (über ein Viertel der Einwohner, die vor allem den am besten ausgebildeten Bevölkerungsteilen entstammten). Ein Kenner der Materie beschrieb das grausame Experiment, das Pol Pot in Kambodscha durchführte, als »eine menschliche Tragödie von nahezu beispiellosem Ausmaß, [die] sich ereignete, weil politische Theoretiker das ahnungslose Volk der Khmer für ihren größenwahnsinnigen Plan missbrauchten«.[14*]

* Einige westliche Intellektuelle weigern sich anzuerkennen, dass Kommunisten für dieses beispiellose Massaker verantwortlich sein könnten, und lasten die Schuld dafür stattdessen den Amerikanern an, die von 1969 bis 1973 Kambodscha bombardierten, um Einheiten des Vietcong zu vernichten, die das Nachbarland als Rückzugsbasis und Nachschubroute benutzten. Allerdings fällt es schwer nachzuvollziehen, warum die Roten Khmer aus Hass auf die Amerikaner zwei Millionen ihrer eigenen Landsleute umbringen sollten.

Anzumerken bleibt, dass es nirgendwo in der Welt zu Protestdemonstrationen gegen die Schlächtereien in Kambodscha kam und die Vereinten Nationen die Vorgänge in keiner Resolution verurteilten. Die Welt sah einfach darüber hinweg, wohl deswegen, weil die Verbrechen im Namen eines angeblich noblen Anliegens begangen wurden.

Das marxistische Regime Salvador Allendes in Chile von 1970 bis 1973 stellt den ungewöhnlichen Fall einer kommunistischen Revolution dar, die in einem demokratischen Land mit demokratischen Mitteln durchzuführen versucht wurde.

In den sechziger Jahren wurde die Regierung Chiles von den Christdemokraten beherrscht, deren Führer Eduardo Frei eine vergleichsweise radikale Sozial- und Wirtschaftspolitik verfolgte. Insbesondere betrieb Frei eine ehrgeizige Agrarreform, die die Enteignung aller Großgrundbesitzer gegen entsprechende Kompensationszahlungen vorsah. Ebenfalls unter seiner Regierung wurde der größte Teil der Bergbauindustrie des Landes verstaatlicht. Diese Maßnahmen bewirkten eine Polarisierung der chilenischen Gesellschaft zwischen den Rechten, denen Freis Politik zu weit ging, und den Linken, denen sie nicht weit genug ging. Die Inflation, die 1970 am Vorabend der Präsidentschaftswahlen auf 35 Prozent geklettert war, tat das ihre, die Popularität Freis noch weiter zu untergraben.

In den Präsidentschaftswahlen lieferten sich die drei führenden Kandidaten ein Kopf-an-Kopf-Rennen. Den höchsten Stimmenanteil (36,3 Prozent) errang dabei der Kandidat der in einer Volksfront (Frente de Acción Popular) zusammen angetretenen Kommunisten und Sozialisten, der mit den Marxisten sympathisierende Arzt und Sozialist Salvador Allende, knapp vor dem Kandidaten der Konservativen, auf den 34,9 Prozent der Stimmen entfielen. Da keiner der beiden Kandidaten die absolute Mehrheit auf sich vereinigen konnte, wurde der Kongress angerufen. In den zwei auf die Wahlen folgenden Monaten handelte Allende eine Vereinbarung mit den Christdemokraten im Kongress aus: Die Christdemokraten versprachen, seine Kandidatur zu unterstützen, forderten aber Verfassungsgarantien für die demokratische Orientierung der Politik Allendes. Diese wurden in einem Verfassungsstatut festgelegt, das Allende unter anderem darauf verpflichtete, die Gesetze zu achten und den politischen Pluralismus zu wahren. Mit der Annahme des Verfassungsstatuts durch den Kongress war der Weg für Allende frei.

Allendes »chilenischer Weg zum Sozialismus« war damit von Anfang an Beschränkungen unterworfen, die der Umsetzung der radikalen Vorstellungen seiner sozialistischen und kommunistischen Anhänger entgegenstanden. Trotz seiner Bewunderung für Fidel Castro war Allende weniger ein fanatischer Revolutionär als vielmehr ein romantischer Idealist. Doch seine weitaus orthodoxeren Parteigenossen, fest entschlossen, in Chile eine »Diktatur des Proletariats« zu errichten, drängten ihn kontinuierlich nach links, und je weniger seine Politik messbare Erfolge erbrachte, umso mehr ließ er sich radikalisieren. Allende war überzeugt, mit seinen Reformen nach und nach die Unterstützung der Bevölkerungsmehrheit zu gewinnen und so seine sozialistischen Ziele auf legalem, demokratischem Wege erreichen zu können. Dabei unterstützten ihn die Kommunisten, die ihrerseits überzeugt waren, ihre Visionen in Chile mit friedlichen Mitteln umsetzen zu können – eine Rechnung, die jedoch nicht aufging, zum Teil, weil Allende mit seiner sozialistischen Politik den Unmut weiter Teile der Bevölkerung auf sich zog, zum Teil, weil seine Reformen die Wirtschaft des Landes nahezu zum Erliegen brachten.

Nach der Ernennung zum Präsidenten vertraute Allende das Wirtschafts- und das Finanzressort in seiner Regierung der Volkseinheit (»Unidad Popular«), den Kommunisten an, die sich – per Gesetzesdekret und damit unter Umgehung der Legislative – daranmachten, den Rest der Bergbauindustrie, die Banken und weite Teile des Produktionssektors zu nationalisieren. Als nach der Konfiskation der Anaconda- und Kennecott-Kupferminen die Auslandsinvestitionen in Chile praktisch zum Erliegen kamen, eilte die Sowjetunion Allende zu Hilfe und gewährte Chile Kredite in Höhe von über einer halben Milliarde US-Dollar. Obwohl auch andere Länder Finanzhilfen anboten, reichte die Auslandshilfe nicht aus, Chiles angeschlagenen Haushalt zu sanieren. Allende setzte die Notenpresse in Gang, um seine ehrgeizigen sozialpolitischen Maßnahmen und zugesagten Lohnerhöhungen zu finanzieren, und löste damit eine Inflation aus, die das, was das Land unter Eduardo Frei erlebt hatte, weit in den Schatten stellte. In den drei Jahren von Allendes Präsidentschaft stieg der Nennwert der in Umlauf befindlichen Geldmenge um den Faktor 15 an und die Inflationsrate schnellte auf über 300 Prozent pro Jahr hoch.

Parallel zur Nationalisierung von Privatunternehmen trieb die Regierung Allende die Kollektivierung der Landwirtschaft voran, ein Ziel, zu dessen Durchsetzung sie Landbesetzungen nicht nur tolerierte, sondern sogar dazu aufrief. Die Folge waren ein dramatischer Einbruch der Nahrungsmittelproduktion – allein die Weizenernte ging um nahezu 50 Prozent zurück – und ein akuter Nahrungsmittelengpass: Zum Zeitpunkt von Allendes Sturz verfügte das Land gerade noch einmal über Mehlreserven für wenige Tage.

Unterdessen nahmen im Land die Proteste gegen die Regierungspolitik zu. Die heftigsten Proteste gingen von den Fernfahrern aus, zumeist Kleinunternehmer, die gegen das Vorhaben der Regierung rebellierten, eine mit den privaten Fuhrunternehmern konkurrierende, nationale Transportgesellschaft zu gründen. Bei zwei Gelegenheiten weiteten sich die Proteste, an denen bis zu 700 000 Menschen teilnahmen, so sehr aus, dass der nationale Gütertransport und damit auch ein Großteil der Wirtschaft zum Erliegen kamen. In jedem orthodoxen kommunistischen Land wären solche Demonstrationen als von der CIA angestiftete konterrevolutionäre Aktionen gebrandmarkt und sofort unterdrückt worden. Anders in Chile: Obgleich die Regierung den Rundfunk und weite Teile der Presse kontrollierte, konnten sich die unabhängigen Medien, deren Schließung fast sicher einen nationalen Aufstand provoziert hätte, ein beträchtliches Maß an freier Meinungsäußerung bewahren. Auch die Oppositionsparteien funktionierten und konnten die Regierung kritisieren. Vor allem aber gab es noch den Kongress und das Verfassungsgericht.

Im August 1973 stellte die Abgeordnetenkammer des Kongresses mit 81 zu 45 Stimmen fest, dass Allende seine legislative Autorität überschritten, das Recht auf freie Meinungsäußerung verletzt, die Gesetze des Landes missachtet und damit gegen die Verfassung verstoßen hatte. Das Verfassungsgericht befand, dass Allende das Gerichtssystem für seine politischen Zwecke missbraucht habe. Da die chilenische Verfassung das Instrument des Misstrauensantrags oder der Amtsanklage gegen den Präsidenten nicht vorsah, forderte die Kammer die Streitkräfte auf, den Gesetzen des Landes wieder Geltung zu verschaffen. Mit diesem Mandat ausgerüstet, stürzte das chilenische Militär unter General Augusto Pinochet 18 Tage später mit Gewalt die Regierung Allende. Dass das neue Regime Pinochet, der sich zum Diktator aufschwang, unter den besiegten Sozialisten und Kommunisten äußerst brutal und rücksichtslos aufräumte, steht auf einem anderen Blatt.

Kuba, der erste und einzige noch existierende kommunistische Staat in Lateinamerika, ist ein interessantes Beispiel für die persönliche Diktatur eines exzessiv ehrgeizigen Politikers, der in der kommunistischen Ideologie ein probates Instrument zur Rechtfertigung seiner Machtgelüste fand. Oder, in den Worten eines Kuba-Experten: »Historisch betrachtet [...], ist der Castroismus ein Führer auf der Suche nach einer Bewegung, eine Bewegung auf der Suche nach Macht, und eine Macht auf der Suche nach einer Ideologie.«[15]

Entgegen einer weit verbreiteten Ansicht war das präkommunistische Kuba weder ein rückständiges noch ein vorwiegend landwirtschaftlich geprägtes Land. Kuba hatte den zweithöchsten Lebensstandard in Lateinamerika (nach Venezuela, dessen Wohlstand auf seinem Erdölreichtum gründete), die Mehrheit der Kubaner konnte lesen und schreiben und lebte in Städten.* Ebenso wenig trifft die Aussage zu, dass die ku-

* Die Ereignisse auf Kuba und in Chile scheinen der zu Beginn des Kapitels getroffenen Generalisierung zu widersprechen, wonach der Kommunismus die größten Erfolgsaussichten in Ländern hat, die keine oder kaum Erfahrungen mit Demokratie und Privateigentum haben. Doch in keinem der beiden Länder kamen die Kommunisten durch eine soziale Revolution an die Macht. In Chile gelangten sie auf demokratischem Wege – durch eine Vereinbarung mit der Christdemokratischen Partei, die sie unmittelbar nach der Regierungsbildung wieder brachen – an die Macht, und in Kuba dadurch, dass sie sich, wie weiter unten beschrieben wird, an die Spitze eines nationalen, auf die Wiederherstellung der Demokratie gerichteten Aufstands gegen einen verhassten Diktator stellten.

banische Ökonomie vom Zuckerrohr abhängig war. Obwohl Zucker in der Tat das Hauptausfuhrprodukt des Landes war, machte der Zuckerexport nur ein Drittel oder weniger des Nationaleinkommens aus. Anders ausgedrückt, die archetypischen Bedingungen, die gemeinhin für kommunistische Revolutionen verantwortlich gemacht werden, also Armut und ökonomische Rückständigkeit, waren in Kuba nicht gegeben.

Die Kommunisten gelangten in Kuba, getragen von einer hauptsächlich von der Mittelklasse ausgehenden Rebellion gegen die Diktatur Fulgencio Batistas an die Macht, der 1952 die von ihm selbst 1940, während seiner ersten, legitimen Amtszeit als Präsident (1933–1944) verkündete liberale Verfassung außer Kraft gesetzt hatte. Fidel Castro, der Sohn eines reichen Plantagenbesitzers und Student der Rechtswissenschaften an der Universität von Havanna, wurde von dieser Woge der Unzufriedenheit an die Macht getragen. Obwohl er öffentlich Sympathien für die Linke bekundete, war er zunächst alles andere als ein Kommunist. Genau genommen folgte er keiner Ideologie, sondern allein seinem Streben nach Macht. Erst der Kontakt mit dem argentinischen Revolutionär Che Guevara brachte Castro dazu, sich dem Marxismus-Leninismus zuzuwenden. Im Zentrum von Castros Programm, das darauf ausgerichtet war, alle Klassen des Landes anzusprechen, stand die Forderung, die Verfassung von 1940 wieder in Kraft zu setzen.

Nachdem Castro an der Spitze einer von der breiten Bevölkerung getragenen Revolution an die Macht gelangt war, schwenkte er jedoch sehr schnell nach links. Er installierte eine Einparteienregierung, führte eine radikale Landreform durch und enteignete 1960 mit sowjetischer Rückendeckung sämtliche in Kuba tätigen US-Unternehmen. Im Gegenzug verhängte der damalige US-Präsident Eisenhower ein Handelsembargo gegen den Inselstaat, womit er Kuba noch weiter in die Arme der Sowjetunion drängte. Moskau, das Castro aus Angst vor der Reaktion der Vereinigten Staaten anfangs eher zögerlich unterstützte, wurde schrittweise immer stärker involviert, vor allem, als Castro Kuba im April 1961 zur »sozialistischen« Nation erklärte. Das Fiasko der von Washington initiierten Invasion in der Schweinebucht (April 1961) und die kubanische Raketenkrise im Oktober 1962, die damit endete, dass die USA Kuba versprachen, die Souveränität anzuerkennen, machten das Land zu einem festen Bestandteil des Sowjetblocks. Während der Raketenkrise hatte Castro, der bereit war, Kuba im Interesse des weltweiten Triumphs des »Sozialismus« zu opfern, Moskau gedrängt, einen nuklearen Präventivschlag gegen die Vereinigten Staaten zu führen, ein Ansinnen, das vom Kreml jedoch zurückgewiesen wurde.[16] Nach der Krise wurde die Sowjetunion zum wichtigsten Wirtschaftspartner und Entwicklungshelfer Kubas: Moskau kaufte nicht nur zu künstlich überhöhten Preisen den Löwenanteil der kubanischen Zuckerproduktion auf, sondern belieferte das Land auch mit Erdöl und Industrieprodukten und stellte Castro großzügige Kredite zur Verfügung. Nach Einschätzung von Fidel Castros Bruder Rául bezifferte sich der Umfang der von der Sowjetunion vor ihrer Auflösung unentgeltlich an Kuba gelieferten militärischen Ausrüstungsgegenstände auf zehn Milliarden US-Dollar. Kuba war wirtschaftlich praktisch völlig abhängig von Moskau.

Im Gegenzug unterstützte Castro jedes sowjetische Auslandsunternehmen, von der Niederschlagung des Prager Frühlings bis hin zur Invasion in Afghanistan, und stellte Moskau Stützpunkte für die nachrichtendienstliche Aufklärung zur Verfügung. Außerdem bemühte er sich nach Kräften, den Kommunismus nach Mittel- und Lateinamerika zu exportieren: Auf dem Gründungskongress der castristischen Lateinamerikanischen Organisation für Solidarität (OLAS) rief er dazu auf, in ganz Lateinamerika Guerillakriege zu führen.

Nach innen führte er ein Regime nach sowjetischem Strickmuster ein. Innerhalb von zehn Jahren nach Castros Machtergreifung waren bis auf die Landwirtschaft, deren Umsatz zu 30 Prozent von Klein- und Mittelbauern erwirtschaftet wurde, alle Sektoren der Wirtschaft verstaatlicht und die Politik von der Kommunistischen Partei Kubas, der PCC, monopolisiert. Die zum Eintritt in vom Staat kontrollierte Gewerkschaften gezwungenen Arbeiter verloren das Recht, sich selbst zu organisieren und eigenständig Verhandlungen zu führen, ganz zu schweigen vom Recht auf Streik. Im Sozialbereich – bei der Bildung, der Krankenversorgung und im Wohnungssektor – wurden zwar beträchtliche Fortschritte erzielt, doch finanziert wurden diese Maßnahmen zum großen Teil mit dem in der Zeit vor der kommunistischen Machtergreifung erwirtschafteten Reichtum. Regimegegner wurden auf zweierlei Weise entsorgt: einmal dadurch, dass einem großen Teil des Mittelstandes erlaubt wurde, das Land zu verlassen, zum anderen per Aburteilung durch nach sowjetischem Vorbild organisierten Revolutionstribunalen und die Einweisung in »Arbeitslager«.

Während es für kommunistische Führer gang und gäbe war, sich deifizieren zu lassen, zogen die meisten es, wie es sich für Gottheiten ziemt, vor, sich im Hintergrund zu halten. Ganz anders Castro: Wohin er kam, hielt er vor einem Publikum, dem keine Wahl blieb, als ihm zuzuhören, stundenlange flammende Reden, in denen er schmeichelte, inspirierte und drohte. Dabei zielte seine Rhetorik vornehmlich auf die Vereinigten Staaten, den großen Dämon, dem er alles anlastete, was in Kuba falsch lief.

Der Lebensstandard sank unaufhaltsam, teils wegen des – zumeist passiven – Widerstands der Arbeiter und Bauern, teils, weil gerade die gebildetsten und unternehmerisch aktivsten Kubaner in die USA emigriert waren. Irgendwann war der Punkt erreicht, an dem das kommunistische Regime in Havanna vollständig von der Unterstützung der Sowjetunion abhängig war.

Vor diesem Hintergrund schienen nach dem Kollaps der Sowjetunion und der Weigerung der nachfolgenden Regierung Jelzin, Kuba weiterhin finanziell zu unterstützen, die Tage des Castro-Regimes gezählt. Dass die Regierung in Havanna dennoch überleben konnte, lag an den Konzessionen an ausländische Kapitalisten, denen sie zwar begrenzte, nichtsdestotrotz aber erhebliche Investitionsmöglichkeiten auf Kuba gewährte. Mit den Investoren kamen Dollar ins Land, und noch mehr mit den Touristen, die Havanna nicht nur mit langen Sandstränden und günstigen Hotelanlagen erfolgreich köderte, sondern auch mit der Schönheit und »Aufgeschlossenheit« der jungen Kubanerinnen. 1992 pries Castro in einer Rede vor der Nationalversammlung sogar die Vorzüge der kubanischen Prostituierten, als er verkündete, dass Kuba weltweit die geringste Anzahl an Aidsfällen habe. Die Kampagne, die 1999 1,7 Millionen ausländische Touristen lockte, brachte Kuba den zweifelhaften Ruhm ein, »zusammen mit Thailand eines der beliebtesten Ziele für Sexurlauber« zu sein.[17]

Bei Mao und selbst bei Pol Pot konnte man, zumindest in der Frühphase ihrer politischen Karriere, ein gewisses Maß an sozialistischen Idealen erkennen. Die revolutionären Bewegungen in vielen anderen Regionen der Dritten Welt und vor allem in Afrika zeichneten sich jedoch gerade durch das Fehlen einer solchen ideologischen Orientierung aus. Die machthungrigen

Politiker, die sich auf Marx und Lenin beriefen, obwohl sie bestenfalls über Grundkenntnisse der kommunistischen Doktrin und Geschichte verfügten, verfolgten damit vor allem zwei Zwecke: Sie wollten einen Vorwand, sich privates Eigentum anzueignen, und sie wollten sich den Beistand des kommunistischen Blocks gegen innen- und außenpolitische Feinde sichern.

Ein klassisches Beispiel für einen solchen Missbrauch des Marxismus bietet der äthiopische Diktator Mengistu Haile Mariam, der zwischen 1974 und 1991 sein Land in einen sowjetischen Satellitenstaat verwandelte. Als Mitglied einer Gruppe von Armeeoffizieren, die sich bei Beförderungen übergangen fühlten, beteiligte sich Major Mengistu im September 1974 an einer Revolte, die mit dem Sturz des greisen äthiopischen Kaisers Haile Selassie endete. Die Macht ging über in die Hände des Provisorischen Militärischen Verwaltungsrates (Derg), dessen Vorsitzender Mengistu war. Interne Rivalitäten führten jedoch bald zum Bruch innerhalb des Derg, und drei Monate nach Haile Selassies Sturz inszenierte Mengistu einen Militärputsch, der ihn an die Macht brachte. Mengistu rief die sozialistische Republik Äthiopien aus und ließ seinen Worten gleich auch Taten folgen, als er die Verstaatlichung der Banken und Versicherungsgesellschaften verfügte. Im März 1975 wurde der Grundbesitz abgeschafft und die Bauern zum Eintritt in nach chinesischem Vorbild organisierte Kommunen gezwungen.

Ein Jahr später inszenierte Mengistu seinen eigenen »Roten Terror«, dem mehrere tausend Äthiopier, viele von ihnen marxistische Studenten, zum Opfer fielen. Durchgeführt wurden die Massaker mit Hilfe der rund zehntausend in Äthiopien tätigen sowjetischen und ostdeutschen Sicherheitsberater. Die Sowjetunion, die am Horn von Afrika anfangs den »wissenschaftlichen Sozialismus« unterstützte, der von der Militärregierung des benachbarten Somalia ausgerufen worden war, ließ Somalia zu Gunsten Äthiopiens fallen. Als dann die somalische Armee 1977 mit dem Ziel, die umstrittene Region Ogaden zu annektieren, Äthiopien überfiel, unterstützte der kommunistische Block Mengistu mit massiven Hilfeleistungen, darunter auch eine Streitmacht von bis zu 15 000 kubanischen Söldnern. Im Gegenzug für die Militärhilfe erwarb sich der kommunistische Block großen Einfluss in Äthiopien und war später auch entscheidend mit daran beteiligt, wiederholte somalische Überfälle zurückzuschlagen sowie die eritreische Unabhängigkeitsbewegung zu unterdrücken.

Der durch die Zwangskollektivierung verursachte und durch lange Dürreperioden noch verstärkte wirtschaftliche Niedergang löste eine Hungersnot aus, bei der 1984 und 1985 Millionen von Äthiopiern verhungerten. Nach dem Zusammenbruch der DDR 1989 geriet Mengistu in den eigenen Reihen zunehmend in Bedrängnis. 1991, nach der Auflösung der Sowjetunion, stand er völlig isoliert. Noch im selben Jahr wurde er gestürzt und floh ins Exil nach Simbabwe. Damit endete etwas, was als das »ambitionierteste marxistisch-leninistische Experiment in Afrika« beschrieben wurde.[18]

Wie in Westeuropa und Japan, so entstanden auch in der Dritten Welt in den siebziger und achtziger Jahren zahlreiche Terrorgruppen, die im Namen des Marxismus-Leninismus, des Stalinismus oder des Maoismus demokratische und kapitalistische Institutionen bekämpften, obwohl sie im Grunde genommen dem Anarchismus viel näher standen.

Typisch für dieses Genre war die Kommunistische Partei Perus, bekannter unter dem Namen Sendero Luminoso (Leuchtender Pfad). Die von dem ehemaligen Philosophieprofessor

Abimael Guzmán Reynoso gegründete und hauptsächlich aus jungen Intellektuellen bestehende Gruppe nahm die Benachteiligung der peruanischen Indianer zum Vorwand, um mit terroristischen Mitteln ihr maoistisches Programm durchzusetzen. Der Terror kostete 25 000 Menschen das Leben und fügte der peruanischen Wirtschaft große Schäden zu. Als Guzmán 1992 verhaftet und hinter Gitter gesperrt wurde, brach die Bewegung in sich zusammen.

In einigen anderen lateinamerikanischen Ländern, wie beispielsweise Kolumbien, wurde und wird das Etikett »marxistisch« von bewaffneten Banden, die Terror, Entführungen und Erpressung mit dem Drogenhandel verbinden, dazu benutzt, sich einen Anschein von Respektabilität zu verschaffen (im Falle Kolumbiens handelt es sich dabei um die so genannten Revolutionären Bewaffneten Kräfte Kolumbiens sowie die Nationale Befreiungsarmee). Seit 1964 haben diese beiden Gruppen in Kolumbien rund 120 000 Menschen umgebracht und zwei Millionen zu Flüchtlingen im eigenen Land gemacht.

Kommunistisch beherrschte Länder weisen einige auffällige Ähnlichkeiten auf, und zwar nicht nur darin, mit welchen Mitteln die jeweiligen Regime installiert wurden, sondern auch hinsichtlich der Folgeerscheinungen. In allen kommt es zu einem drastischen Rückgang des Lebensstandards, oftmals verbunden mit Hungersnöten; Dürren scheint eine geradezu unheimliche Affinität zu kommunistischen Regimen anzuhaften. Dem Verlust von Bürgerrechten und staatsbürgerlichen Freiheiten, begründet mit dem Ziel der Gleichheit aller, steht der Aufstieg eines obersten Führers – ein Generalissimo oder *lider máximo* – entgegen, der in seiner Hand die ganze, seinen Bürgern entrissene Macht konzentriert und in den Status einer Gottheit erhoben wird. Überflüssig zu sagen, dass dies die absolute Antithese der marxistischen Vision darstellt, derzufolge der Kommunismus von unpersönlichen ökonomischen Kräften angetrieben wird und in einer Welt der grenzenlosen Freiheit aller mündet.

VI. DER BLICK ZURÜCK

Der Marxismus war die größte Fantasie unseres Jahrhunderts.[1]

Wir befinden uns heute in der Lage, die im Vorwort gestellte Frage zu beantworten, »ob das Scheitern der kommunistischen Bewegung auf menschliches Versagen oder auf in ihrer ureigenen Natur angelegte Fehler zurückzuführen ist«. Der Blick in die Geschichte legt nahe, dass Letzteres der Fall ist. Der Kommunismus war keine gute Idee, die schlecht umgesetzt wurde, er war eine schlechte Idee.

Von dem Tag an, als die Bolschewiki 1917 in Russland die Macht ergriffen, wurden Dutzende Versuche in allen Teilen der Welt unternommen, auf kommunistischen Prinzipien basierende Gesellschaften zu erschaffen. Moskau unterstützte diese Experimente großzügig mit Geld, Waffen und ideologischer Anleitung. Praktisch alle diese Versuche scheiterten. Am Ende hatte der Kommunismus auch in Russland abgewirtschaftet. Heute existiert er nur noch in einigen wenigen Ländern – China, Nordkorea, Vietnam und Kuba –, und selbst dort befindet er sich im Zustand der Erosion: Die Kommunisten halten sich an der Macht, aber nur um den Preis weit reichender Zugeständnisse an den Kapitalismus. In Anbetracht dieser desolaten Bilanz liegt die Vermutung nahe, dass entweder die Prämissen der kommunistischen Theorie, das kommunistische Programm oder aber beide fehlerhaft sind.

Betrachten wir zunächst die Auflösung der Sowjetunion, das erste kommunistische Land und die zentrale Kraft, die weltweit die kommunistische Bewegung vorantrieb. In den seit 1991 publizierten Studien wird eine Vielzahl von Faktoren zitiert, die für dieses dramatische Ereignis mitverantwortlich sind: die Stagnation der Wirtschaft, der bessere Zugang der Sowjetbürger zu ausländischen Informationsquellen, die militärische Niederlage in Afghanistan, die Unfähigkeit, im Wettrüsten mit den USA mitzuhalten und so weiter und so fort. Auch die Dissidentenbewegung im Inland, die der Kreml niemals ganz zum Schweigen bringen konnte, und das Beispiel der polnischen Gewerkschaft Solidarnocs führten zu einer weiteren Schwächung des Regimes. Der harte Kurs, den US-Präsident Reagan in den achtziger Jahren gegenüber dem Ostblock steuerte, führte zu einer weiteren Demoralisierung der Sowjetführung, die nach dem Vietnam-Debakel der Amerikaner schon geglaubt hatte, dass Washington die Lust am Kalten Krieg verloren habe und vor einem Rückzug in die Isolation stehe. Ohne Zweifel spielte jeder dieser Faktoren eine Rolle, aber für sich allein genommen hätten sie das Sowjetreich nicht zum Einsturz bringen können, wäre es ein gesunder Organismus gewesen. Dass sie zuletzt den Kollaps der Sowjetunion bewirkten, lag daran, dass das System an inhärenten Schwächen krankte.

Wie sich zeigte, trifft die Diagnose, die Marx und Engels irrigerweise dem Kapitalismus gestellt hatten, dass er in sich die Saat seines eigenen Untergangs trägt, vielmehr auf den Marxismus als theoretische Grundlage des Kommunismus zu. Der Marxismus beruht nicht nur auf einer falschen Geschichtsphilosophie, sondern auch auf einer an der Realität vorbeizielenden psychologischen Doktrin.

Die Grundthese des Marxismus, dass das Privateigentum, welches er abzuschaffen trachtete, ein vorübergehendes historisches Phänomen sei – ein Zwischenstadium zwischen dem primitiven und dem fortgeschrittenen Kommunismus –, ist schlicht falsch. Sämtliche historischen Erkenntnisse deuten darauf hin, dass sich Grund und Boden, die wichtigste Quelle für Reichtum in den vormodernen Zeiten, durchgängig im Besitz von Stämmen, Familien oder Individuen befanden, es sei denn, der Grundbesitz wurde von Monarchen monopolisiert. Das Nutzvieh sowie der Handel und das daraus erzielte Kapital befanden sich immer und überall in privaten Händen. All das deutet darauf hin, dass das Privateigentum keineswegs ein historisch vorübergehendes Phänomen darstellt, sondern im Gegenteil eine permanente Eigenschaft des sozialen Lebens und als solche unüberwindbar ist.

Gleichermaßen unzutreffend ist die marxistische These, dass die menschliche Natur nach Belieben formbar sei und sich folglich mit einer Mischung aus Zwangsmitteln und Anreizen ein neuer Mensch erschaffen ließe, der kein Besitzstreben kennt und sich bereitwillig in der Gesellschaft auflöst, eine Gesellschaft, in der, wie es Platon vorschwebte, »das Private und Individuelle in seiner Gesamtheit aus dem Leben verbannt ist«. Selbst wenn der immense Druck, den kommunistische Regime zur Erreichung dieses Ziels ausgeübt haben, Erfolg gezeitigt hätte, wäre dieser Erfolg bestenfalls kurzlebiger Natur gewesen. Bringt man, so haben Dresseure entdeckt, Tieren in langwieriger Dressurarbeit bestimmte Tricks bei und setzt das Training wieder ab, so vergessen sie nach einiger Zeit das Erlernte und kehren zu ihren ursprünglichen, instinktiven Verhaltensweisen zurück. Da zudem anerzogene Eigenschaften nicht vererbbar sind, kommt jede neue Generation mit denselben alten, dem Kommunismus widersprechenden Eigenschaften zur Welt, deren am wenigsten ausgeprägte sicherlich nicht das Besitzstreben wäre. Der Kommunismus ist an seiner Unfähigkeit gescheitert, die menschliche Natur nach seinen Vorstellungen umzugestalten. Mussolini, der selbst nach seiner Hinwendung zum Faschismus den Kommunismus mit nicht geringer Sympathie betrachtete, hatte dies bereits 1920 erkannt:

> Lenin ist ein Künstler, der Menschen bearbeitet, so wie andere Künstler Marmor oder Metall bearbeiten. Aber der Mensch ist härter als Granit und weniger formbar als Eisen. Ein Meisterwerk ist daraus nicht hervorgegangen. Der Künstler ist gescheitert. Er hat sich der Aufgabe als nicht gewachsen erwiesen.[2]

Vor dem Hintergrund dieser Realitäten blieb den kommunistischen Regimen nichts anderes als der routinemäßige Rückgriff auf Gewalt als Mittel der Regierung. Die Bürger dazu zu bewegen, ihr Eigentum aufzugeben und ihre privaten den staatlichen Interessen unterzuordnen, setzt eine mit grenzenloser Macht ausgestattete öffentliche Hand voraus. Genau dies meinte Lenin, als er die »Diktatur des Proletariats« als eine Macht definierte, »die durch nichts begrenzt wird, die an keine Gesetze gebunden ist, die durch keinerlei Regeln beschränkt wird und unmittelbar auf Zwang beruht«.

Die Erfahrung zeigt, dass ein solches Regime in der Tat möglich und machbar ist: In Russland und seinen osteuropäischen Vasallenstaaten wurden solche Regime installiert, ebenso in China, in Kuba, in Vietnam und in einer Reihe afrikanischer und lateinamerikanischer Länder. Doch der Preis dafür war und ist nicht nur enormes menschliches Leid, sondern auch die Preisgabe ebendes Ziels, das zu erreichen diese Regime angetreten sind: die klassenlose Gesellschaft.

Als Lenin einen auf Zwang basierenden Staat propagierte, ging er davon aus, dass dieser Staat nur temporärer Natur sein würde: Hatte er erst seine Aufgabe erfüllt, würde er von allein verschwinden. Dabei ignorierte Lenin jedoch den Umstand, dass sich die als »Staat« bezeichnete Abstraktion aus Individuen zusammensetzt, die ungeachtet ihrer jeweiligen historischen Mission stets auch private Interessen verfolgen. Entgegen der marxistischen Soziologe, laut der der Staat allein den Interessen der Besitzenden dient und keinerlei Eigeninteressen kennt, bilden die Hüter des Staates sehr schnell eine eigene Klasse aus. Die »Partei der Avantgarde«, deren eigentliche Aufgabe lautet, die Gesellschaft in die neue Ära zu führen, entwickelt sich schnell zu einem Selbstzweck.

Der Staat – hier also die Kommunistische Partei – hat keine Wahl: Da er für sein Überleben auf diese neue Elite angewiesen ist, muss er sie akkommodieren. Dazu kommt, dass in kommunistischen Staaten die Beamtenklasse rapide wächst, und zwar aus einem ganz einfachen Grund: Ein Staat, der alle Bereiche des nationalen Lebens und zumal die Wirtschaft übernimmt und kontrolliert, benötigt dazu eine gewaltige Administration. Auch wenn diese Bürokratie als das bevorzugte schwarze Schaf aller kommunistischen Regime herhalten muss, kommt doch keines ohne diesen bürokratischen Wasserkopf aus. In der Sowjetunion fing das Regime bereits ein paar Jahre nach dem bolschewistischen Staatsstreich an, den Führungskadern weit reichende Vergünstigungen anzubieten, aus deren Reihen dann die *Nomenklatura* hervorging, eine privilegierte Erbkaste, deren Existenz dem Ideal der Gleichheit aller diametral entgegenstand. Die Gleichheit im Besitz durchzusetzen verlangt demnach, die Ungleichheit in den Rechten zu institutionalisieren. Der Widerspruch zwischen Mitteln und Zielen ist dem Kommunismus und jedem Land inhärent, in dem der Staat das produktive Vermögen monopolisiert.

Zugegeben, gelegentlich wurde versucht, den eisernen Griff

zu brechen, in dem die Beamten und Funktionäre Staat und Gesellschaft hielten. Lenin und Stalin versuchten es mit Säuberungsaktionen, die unter Stalin mit Massenmorden endeten. Auch Maos »Kulturrevolution« zielte darauf ab, die alteingesessenen Parteiinteressen zu zerschlagen. Beide scheiterten. Letztlich behielt hier wie da die *Nomenklatura* die Oberhand, da ohne sie nichts mehr funktioniert hätte.

Ebenso schlugen alle Bemühungen fehl, auf demokratischem Wege ein kommunistisches System zu installieren. Wie das Beispiel Allendes in Chile zeigte, muss der Versuch, das Privateigentum in Anwesenheit einer relativ freien Presse, eines unabhängigen Gerichtssystems und einer gewählten Legislative abzuschaffen, mit einem Fehlschlag enden, da die Opposition, die in einer »Diktatur des Proletariats« erbarmungslos zerschlagen wird, in diesem Falle die Möglichkeit hat, den Widerstand zu organisieren. So konnten in Chile die stetig an Zulauf gewinnenden oppositionellen Kräfte das revolutionäre Regime leicht stürzen. Und als sich in Nicaragua die kommunistischen Sandinistas 1990 ihrer Popularität sicher genug wähnten und sie sich einer demokratischen Wahl stellten, wurden sie sang- und klanglos abgewählt.

Die kommunistischen Regimen inhärente Bürokratisierung war mitverantwortlich für die wirtschaftlichen Misserfolge, die entweder zu ihrem Sturz beitrugen oder sie andernfalls zwangen, dem Kommunismus in allem bis auf den Namen abzuschwören. Die Nationalisierung der Produktionsmittel ging einher mit der Übertragung der Managementverantwortung auf Beamte, die weder über die Kompetenz noch über die Motivation verfügten, sie effizient zu betreiben. Das unweigerliche Resultat war ein Rückgang der Produktivität. Darüber hinaus konnten die kommunistischen Ökonomien auf Grund der der

Zentralplanungswirtschaft inhärenten Rigidität nur sehr langsam, wenn überhaupt, auf technologische Innovationen reagieren, was auch erklärt, warum die Sowjetunion trotz des hohen Entwicklungsstands ihrer Wissenschaft einige der wichtigsten technologischen Entdeckungen der jüngeren Zeit verpasste. Nur der freie Markt besitzt, wie schon Friedrich Hayek angemerkt hat, die Fähigkeit, Veränderungen in der Wirtschaft wahrzunehmen und darauf zu reagieren. Und nur die Aussicht auf persönlichen Gewinn motiviert Menschen dazu, sich über das zur unmittelbaren Befriedigung ihrer persönlichen Bedürfnisse hinaus Erforderliche anzustrengen. Dem Kommunismus fehlen solche wirksamen Leistungsanreize. Im Gegenteil, wer sich bei der Arbeit anstrengte und seine Produktionsquoten erfüllte, wurde dafür noch durch höhere Produktionsquoten bestraft.

Die tragischsten Folgen zeitigte die Unzulänglichkeit der kommunistischen Wirtschaftspolitik im Bereich der Landwirtschaft, der ökonomischen Grundlage so gut wie aller kommunistisch regierten Länder. Die Konfiskation des privaten landwirtschaftlichen Grundbesitzes und die anschließende Kollektivierung zerstörten die traditionellen Anbaustrukturen, was zu Ernteeinbrüchen und in manchen Fällen zu Hungersnöten nie gekannten Ausmaßes führte. In der Sowjetunion, China, Kambodscha, Äthiopien und Nordkorea forderten solche vom Menschen gemachte Hungerkatastrophen jeweils Millionen von Opfern. Im kommunistischen Nordkorea litt noch Ende der neunziger Jahre ein Großteil der Kinder an von Unterernährung verursachten körperlichen Fehlentwicklungen. Allein in der zweiten Hälfte des Jahrzehnts sind, so schätzt man, bis zu zwei Millionen Nordkoreaner an den Folgen der Unterernährung gestorben. Die Säuglingssterblichkeitsrate in Nordkorea beträgt 88 (pro 1000 Geburten), verglichen mit acht in Südkorea, die

Lebenserwartung der Männer im Nordteil der Halbinsel liegt bei 48,9 Jahren, im Südteil bei 70,4 Jahren, und während Südkorea pro Kopf und Jahr ein Bruttosozialprodukt von 13 700 US-Dollar erzielt, erwirtschaftet Nordkorea pro Kopf und Jahr lediglich 900 US-Dollar.

Die Unfähigkeit der kommunistischen Staaten, für materiellen Wohlstand zu sorgen und eine klassenlose Gesellschaft zu schaffen, mithin also die vorgeblichen Ziele des Kommunismus zu verwirklichen, ist nicht der einzige, dieser Ideologie inhärente Widerspruch. Ein weiterer Widerspruch ist der Mangel an Freiheit, die für Marx zusammen mit Gleichheit und Wohlstand das ultimative Ziel der kommunistischen Gesellschaft darstellte. Die Nationalisierung der produktiven Ressourcen verwandelt alle Bürger in Staatsbedienstete – mit anderen Worten, in von der Regierung Abhängige. Oder, wie es Trotzki in seiner Schrift »Verratene Revolution« formulierte: »In einem Land, in dem der Staat der alleinige Arbeitgeber ist, bedeutet Opposition langsames Aushungern. Das alte Prinzip, dass, wer nicht arbeitet, auch nicht essen darf, ist durch ein neues ersetzt worden: Wer nicht gehorcht, darf nicht essen.« Allein die Anerkennung der Rechte der Subjekte und Bürger auf ihren Besitz durch den Staat – und die Achtung dieses Rechts – begrenzt die staatliche Macht.

So betrachtet führt das Ziel des Kommunismus, das Privateigentum abzuschaffen, unweigerlich zur Abschaffung von Freiheit und Gleichheit. Statt die Menschen von der Versklavung durch das Materielle zu befreien, wie Marx und Engels sich das erträumt hatten, macht die Nationalisierung der produktiven Ressourcen sie zu Sklaven ihrer Herrscher und verstärkt ihren Materialismus auf Grund der chronischen Mangelsituation nur noch.

Nicht viel erfolgreicher nimmt sich die Bilanz der Versuche aus, den Kommunismus auf internationaler Ebene durchzusetzen. Da für die Marxisten der Kapitalismus ein globales Phänomen war, musste er auch global bekämpft werden: Die im *Kommunistischen Manifest* von 1848 ausgegebene und anschließend sowohl von Sozialisten wie auch Kommunisten übernommene Losung »Proletarier aller Länder, vereinigt euch!« postulierte die Solidarität der Arbeiter über alle nationalen Grenzen hinweg.

Doch die internationale Solidarität der Arbeiterklasse erwies sich als Schimäre. Wie ausgeprägt die Klassenaffinität von Individuen auch sein mag, territoriale und ethnische Loyalitäten haben noch immer und überall stärkere Emotionen erzeugt. Wenn ein Land von ausländischen Mächten bedroht wird, schließen die Klassen ihre Reihen, eine Lektion, die die Sozialisten 1914 lernen mussten, als sich die nationalen Einzelparteien der Zweiten Internationale ungeachtet wiederholter Aufrufe praktisch ausnahmslos hinter ihre »bourgeoisen« Regierungen stellten und für den Krieg stimmten. Nicht anders erging es Lenin, als die polnischen Arbeiter und Bauern 1920 zu den Waffen eilten, um ihr Land gegen die vorrückende Rote Armee zu verteidigen, die gekommen war, sie von ihren Ausbeutern zu »befreien« – und seitdem allen, die ihre Hoffnungen auf die internationale Solidarität der Ausgebeuteten bauten.

Dabei beschränkte sich dieses Phänomen beileibe nicht auf die so genannten Klassengesellschaften. Selbst – offiziell klassenlose – Länder unter kommunistischer Herrschaft lehnten sich gegen die Bevormundung durch die Sowjetunion auf und sagten sich, wenn sich die Gelegenheit dazu bot, von ihr los. Das war in Jugoslawien der Fall, vor allem aber in China. Innerhalb einer Dekade nach ihrer Machtergreifung nahmen die chinesischen Kommunisten das Recht für sich in Anspruch, eine eigene Version des Marxismus zu praktizieren und zu propagieren, ein Recht, das zu verteidigen sie um ein Haar gegen die Sowjetunion in den Krieg gezogen wären, ihr Vorbild und ihr Mentor. Noch weiter gingen die Roten Khmer, die totale ideologische Autarkie anstrebten und einen Kommunismus vertraten, der ihrer Auffassung nach nichts mit dem russischen oder chinesischen gemein hatte. Die westeuropäischen Kommunisten für ihren Teil beharrten selbst auf der Höhe der sowjetischen Macht auf der Pluralität der Bewegung (»Polizentrismus«).

Moskau konnte diese zentrifugalen Bestrebungen innerhalb der internationalen kommunistischen Bewegung nur dadurch neutralisieren, dass es die ausländischen kommunistischen Parteien bewusst schwach und damit in voller Abhängigkeit von sich hielt; sobald nämlich diese Parteien an Popularität gewannen, forderten sie mehr Autonomie und zum Teil sogar Unabhängigkeit von Moskau. Eben aber daraus resultierte Moskaus Dilemma: Entweder die internationale kommunistische Bewegung blieb isoliert und ohnmächtig, ein gehorsames, zugleich aber nur begrenzt nützliches Werkzeug, oder aber sie gewann an Stärke und Einfluss, emanzipierte sich von Moskau und gefährdete damit die Einheit des internationalen Kommunismus. Eine dritte Alternative existierte nicht.

Natürlich waren viele Kommunisten sich dieser inhärenten Schwächen bewusst, und genau daher rührten auch die verschiedenen »Revisionen«. Für die wahren Gläubigen jedoch bewiesen diese Fehlschläge nicht etwa die Mangelhaftigkeit der Doktrin, sondern nur, dass sie nicht mit der notwendigen Rücksichtslosigkeit angewandt worden war. Als ob sie George Santayana bestätigen wollten, der Fanatiker als Leute definierte, die ihre Bemühungen verdoppeln, wenn sie ihr Ziel aus den Augen verlieren, gaben sie sich zunehmend bestialischen Gewaltorgien hin. Von Lenin zu Stalin, von Stalin zu Mao und von Mao zu Pol Pot, je weiter der Kommunismus fortschritt, umso blutrünstiger wurde er.

Dass, wie man unter dem Strich bilanzieren kann, der Kommunismus gescheitert ist und zum Scheitern verdammt ist, dafür sind mindestens zwei Gründe verantwortlich. Erstens, um sein Hauptziel, die klassenlose Gesellschaft, zu erzwingen, muss ein Zwangsapparat errichtet werden, der wiederum auf eine privilegierte Elite angewiesen ist und dadurch das Prinzip der Gleichheit aller negiert. Zweitens, wann und wo immer ethnische und nationalistische Loyalitäten im Widerstreit mit der Klassenzugehörigkeit liegen, behalten Erstere die Oberhand und lösen den Kommunismus im Nationalismus auf – was im Übrigen auch der Grund dafür ist, warum Sozialismus und »Faschismus« so gut zusammengehen. In Anerkennung dieses Umstands strich die Nachfolgepartei der KPdSU, die Kommunistische Partei der Russischen Föderation, den Aufruf »Proletarier aller Länder, vereinigt euch!« aus ihrem Programm.

In Erwartung dieser Entwicklungen hatte der deutsch-italienische Soziologe Robert Michaels ganz richtig prognostiziert, die »Sozialisten mögen triumphieren, der Sozialismus jedoch niemals«.

Noch ein weiterer, spezifischerer Grund steht der Realisierung des kommunistischen Ideals entgegen, und dieser Grund hängt mit der von Lenin entworfenen Struktur kommunistischer Regime zusammen. Von der Annahme ausgehend, dass der globale Kollaps des Kapitalismus unmittelbar bevorstand, organisierte Lenin seine Regierung nach militärischem Vorbild: Der Sowjetkommunismus und seine Nacheiferer militarisierten die Politik und ordneten sie einem zentralen Kommando unter.

Dank der Fähigkeit, sämtliche menschlichen und materiellen Ressourcen zu mobilisieren, erwies sich diese Struktur als überaus effektiv zur Abwehr unmittelbarer physischer Gefahren für das Regime und zur Ausweitung seines Einflusses jenseits der Landesgrenzen. Weitaus weniger geeignet, um nicht zu sagen gänzlich ungeeignet, erwies sich diese Struktur jedoch im Umgang mit Problemen, die sich der Lösung mit militärischen Mitteln versperrten. Als die erwartete Weltrevolution ausblieb, setzte eine fortschreitende Verknöcherung des Sowjetregimes ein, das sich mit der Zeit durch interne Probleme gefährdet sah, beispielsweise durch die in der Bevölkerung grassierende Apathie und Passivität, die zu einem stetigen Niedergang der Wirtschaft und der darauf basierenden Militärmacht führten. Um diese Probleme zu lösen, blieb dem Regime keine andere Wahl, als seinen Griff zu lockern.

Eines der kontroversen Themen in der Geschichte des Kommunismus ist die Rolle, die die Ideologie darin gespielt hat – insbesondere die der als Marxismus-Leninismus bezeichneten Ideologie. Manche Wissenschaftler sind der Ansicht, dass die Bewegung und das daraus hervorgegangene Regime von Ideen motiviert wurden, und bezeichnen die Sowjetunion und das maoistische China deshalb als »Ideokratien«, das heißt von Ideen bestimmte Systeme.

Natürlich ist es zutreffend, dass der Kommunismus niemals entstanden wäre, hätte es den Mythos des Goldenen Zeitalters und die von Marx entwickelte und zuerst von Lenin in die Tat umgesetzte Doktrin nicht gegeben, die eine Strategie zur Verwirklichung dieses uralten Mythos bot. Dies anzuerkennen ist jedoch noch lange nicht gleichbedeutend damit, das Konzept des »Ideokratismus« zu akzeptieren. Alle Ideale nämlich, ob nun politischer oder ökonomischer Natur, erzeugen im Moment ihrer Umsetzung Macht und werden über kurz oder lang zur Machterhaltung instrumentalisiert. Die kapitalistische Ökonomie erfuhr ihre klassische Ausformulierung in Adam Smiths *Untersuchung über die Natur und die Ursachen des Nationalreichtums.* Dennoch wird niemand ernsthaft argumentieren, die Kapitalisten der vergangenen zwei Jahrhunderte hätten sich so verhalten, wie sie es getan haben, weil sie von Smiths »unsichtbarer Hand« oder einem anderen Element seiner Theorie beeinflusst wurden. Dass die Kapitalisten Smiths Thesen übernahmen, lag einfach daran, dass sie ihren Interessen entsprachen.

Nichts spricht dafür, dass dies im Falle des Marxismus-Leninismus anders war. Die Vorstellung, dass Millionen Mitglieder kommunistischer Parteien und Funktionäre kommunistischer Regime den von einem deutschen Ökonomen des 19. Jahrhunderts entworfenen Theorien treu ergeben waren, erscheint wie ein von Intellektuellen gehegter Wunschgedanke, von denen manche zu glauben scheinen, dass die Menschheit von Ideen angetrieben wird. In den ersten Phasen der Entstehung sind kommunistische Parteien üblicherweise zahlenmäßig klein und werden häufig verfolgt; Mitglied einer solchen Partei zu sein birgt mehr Risiken als Vorteile, weshalb in dieser Phase ein Großteil der Parteimitglieder tatsächlich ideologisch motiviert sein dürfte. Doch sobald solche Parteien an der Macht sind und auf der einen Seite Privilegien vergeben und auf der anderen Strafen verhängen können, ziehen sie eine Massengefolgschaft an, die der herrschenden Ideologie bestenfalls Lippenbekenntnisse entgegenbringt. Laut einer Umfrage aus dem Jahr 1922 hatten gerade einmal 0,6 Prozent der kommunistischen Parteimitglieder eine weiterführende Ausbildung und ganze 6,4 Prozent eine Sekundärschulbildung abgeschlossen. Auf der Grundlage dieser Daten kam ein russischer Historiker zu dem Schluss, dass 92,7 Prozent der Parteimitglieder funktionale Analphabeten waren (4,7 Prozent waren tatsächliche Analphabeten). Dieser Zahlen war sich auch Lenin schmerzlich bewusst, als er 1921 die erste gegen »Opportunisten« in den Parteikadern gerichtete Säuberung befahl – ein fruchtloser Versuch, das Unvermeidliche zu vermeiden. Mit der Ausweitung des Zuständigkeitsbereichs des kommunistischen Staats nimmt nicht nur die Zahl der Staatsbediensteten unweigerlich zu, auch der Zustrom von Karrieristen schwillt an, für die die Parteimitgliedschaft Sicherheit und Zugang zu Privilegien bedeutet. Die Macht gerät zum Selbstzweck, und dasselbe gilt für die Selbsterhaltung. Ideen und Ideale verkommen zu wenig mehr als Feigenblättern, mit der die wahre Natur des Regimes kaschiert wird, das nach außen hin hochtrabende Ideale propagiert, während es hinter den Kulissen überaus weltliche Ziele verfolgt und sich dabei menschenverachtender Praktiken bedient.

Bemerkenswert ist auch, dass die vorgeblichen Bewahrer der ideologischen Reinheit – die *Nomenklatura* – der Auflösung der Sowjetunion kampf- und tatenlos zusah und sich stattdessen unter dem Vorwand der »Privatisierung« schamlos und zu ihrem eigenen Nutzen an den natürlichen und ökonomischen Ressourcen des Landes gütlich tat. Hätten die Machthaber und ihre Günstlinge tatsächlich an die Ideologie des Marxismus-Leninismus geglaubt, wäre es dazu wohl kaum gekommen.

Ein weiterer, aufschlussreicher Hinweis auf die sekundäre Rolle, welche die marxistische Ideologie spielte, findet sich in der Biografie Nikita Chruschtschows, Stalins Nachfolger und Generalsekretär der KPdSU von 1953 bis 1964, die sein Sohn

Sergej geschrieben hat. »Schon seit meinen Tagen als Student«, schreibt der junge Chruschtschow,

> hatte ich vergeblich versucht zu verstehen, was genau der Kommunismus war [...] Ich hatte meinen Vater gebeten, mir die Natur des Kommunismus auseinander zu setzen, erhielt aber auch darauf keine verständliche Antwort. Ich erkannte, dass er selbst sich nicht genau im Klaren darüber war.[3]

Wenn selbst der Führer des kommunistischen Blocks und unermüdliche Herold seines kommenden globalen Triumphs seinem eigenen Sohn nicht erklären konnte, was der Kommunismus ist, was kann man daraus über das theoretische Verständnis der niederen Parteichargen schließen?

Was die kommunistischen Regime antrieb und zugleich ihre egalitären Ideale untergrub, war sowohl persönliches wie nationales Eigeninteresse. Man muss sich nur vor Augen halten, wie oft und unzeremoniell die sowjetischen (und später auch chinesischen) Politiker vom marxistischen Kanon abwichen, wenn es nur ihren Interessen diente. Bereits 1917 erlaubte Lenin russischen Arbeitern und Bauern, Fabriken beziehungsweise das Land von Gutsbesitzern zu besetzen, obwohl diese anarchistischen Aktionen der marxistischen Doktrin widersprachen. Vier Jahre später führte er für die landwirtschaftliche Produktion wieder die Marktwirtschaft ein und ließ im Konsumgütersektor wieder Privatunternehmen zu. Stalin erlaubte Kolchosebauern, private Parzellen zu bewirtschaften, deren Erzeugnisse sie zu ausgehandelten Preisen veräußern durften. In den dreißiger Jahren unterstützte er im Ausland Volksfronten, in denen die Kommunisten mit ihren Erzfeinden, den Sozialdemokraten, zusammenarbeiteten. Chruschtschow ersetzte den internationalen Klassenkampf durch die »friedliche Koexistenz«, und während Mao noch verkündete, der menschliche Wille sei in der Lage, über die objektive Realität zu triumphieren, forderten seine Nachfolger ihre Untertanen auf, dem Reichtum nachzujagen. All dies geschah im Namen des Kommunismus. In jedem einzelnen Fall wurden ideologische Grundsätze – zumindest temporär – den vorrangigen Interessen der Partei geopfert, die immer und überall dieselben waren: die Ausweitung ihrer Macht.

Die Kosten dieser Versuche, das Paradies auf Erden zu erschaffen, waren gewaltig, auch in Menschenleben gerechnet. Stéphane Courtois, der Herausgeber des *Schwarzbuch des Kommunismus*, schätzt die Zahl der weltweiten Opfer des Kommunismus auf zwischen 85 und 100 Millionen Menschen, 50 Prozent mehr als die beiden Weltkriege des letzten Jahrhunderts zusammen gefordert haben. Unterschiedliche Rechtfertigungen wurden für diesen immensen Blutzoll angeführt, unter anderem, dass man kein Omelett braten kann, ohne Eier zu zerschlagen. Abgesehen davon, dass Menschen keine Eier sind, hinkt der Vergleich auch insofern, als dass keiner der vielen Köche, die sich daran versuchten, jemals auch nur ein einziges Omelett zu Stande brachte.

Aber auch die Überlebenden mussten einen hohen Preis bezahlen. Um ihre Vision der totalen Konformität durchzusetzen, vertrieben die kommunistischen Regime jene, die sich der Konformität widersetzten, ins Exil, steckten sie hinter Gitter oder brachten sie auf andere Art und Weise zum Schweigen – und oft genug waren dies die Intelligentesten und Unternehmungslustigsten. Damit wurde eine Art umgekehrte Evolution in Gang gebracht, eine Umwelt erzeugt, in der man umso eher überlebte, je linientreuer und unselbstständiger man war. Echter, gesellschaftlich orientierter Unternehmungsgeist verschwand vollkommen. So verloren die kommunistischen Gesellschaften ihre wertvollsten Mitglieder und erlebten eine fortschreitende ethische und geistige Verarmung.

Das hatte in Russland, das von allen Ländern der Erde am längsten kommunistisch regiert wurde, unter anderem die völlige Unselbstständigkeit der Menschen zur Folge. Da unter der kommunistischen Herrschaft alles, was den nicht privaten Bereich betraf, von oben herab geregelt und befohlen und Eigeninitiative bestraft wurde, haben die Menschen und damit das Land die Fähigkeit verloren, Entscheidungen, gleichgültig ob im Kleinen oder im Großen, zu treffen (ausgenommen, es handelt sich um kriminelle Unternehmungen). Statt selbst die Initiative zu ergreifen, wartet man darauf, dass jemand Befehle erteilt. Nach einer anfänglichen, kurzen Begeisterung für die Demokratie machte sich im postsowjetischen Russland die Sehnsucht nach einer starken, führenden Hand wieder breit. Das Land scheint unfähig und nicht bereit, auf eigenen Füßen zu stehen und sein Schicksal selbst in die Hand zu nehmen. Und das ist noch lange nicht das geringste Übel, das der Kommunismus Russland und allen Ländern, die gleichermaßen über einen längeren Zeitraum hinweg kommunistisch beherrscht wurden, zugefügt hat: Auch die Arbeitsmoral und das Gefühl der öffentlichen Mitverantwortung sind verloren gegangen.

Das Streben nach Gewinn ist eine angeborene Eigenschaft; der Respekt vor dem, was andere sich erworben haben, ist, wie wir aus der Kinderpsychologie wissen, anerzogen. Daraus folgt, dass, wenn nun ein Individuum erlebt, dass andere – sei es die Regierung oder die Gesellschaft insgesamt – seine Eigentumsrechte nicht respektieren, es nicht nur seinerseits den Respekt für das Eigentum anderer verliert, sondern regelrecht räuberische Instinkte entwickelt. Ebendies geschah nach dem Zusammenbruch des kommunistischen Regimes in der Sowjetunion, eine Entwicklung, die den Übergang zu einer genuinen, auf der Achtung der Eigentumsrechte basierenden Marktwirtschaft behindert hat und immer noch behindert.

Marx unterstellte dem Kapitalismus, an unüberwindbaren inneren Widersprüchen zu leiden, Widersprüche, die ihn zum Untergang verdammten. Tatsächlich jedoch hat der Kapitalismus, der als ein empirisches System in der Lage ist, auf veränderte Realitäten zu reagieren und sich auf sie einzustellen, bislang noch jede Krise überwunden. Der Kommunismus dagegen war eine rigide Doktrin – eine zur Pseudoreligion mutierte Pseudowissenschaft, die sich in einem inflexiblen politischen Regime manifestierte – und als solche unfähig, die ihm inhärenten, fehlerhaften Annahmen zu korrigieren. Damit besiegelte er sein eigenes Todesurteil. Sollte der Kommunismus jemals wieder belebt werden, dann nur in völliger Ignoranz der historischen Tatsachen und mit der Garantie eines weiteren, kostspieligen Fehlschlags. Das zu tun würde an Wahnsinn grenzen, ein Verhalten, das definiert wird als die unablässige Wiederholung ein und derselben Handlung in Erwartung eines anderen Ergebnisses.

ANHANG

Anmerkungen

1 Kitty Muggeridge und Ruth Adam, *Beatrice Webb*, New York 1968, S. 243.

Vorwort

1 Andrzej Walicki, *Marxism and the Leap to the Kingdom of Freedom*, Stanford 1995, S. 93.

I. Kommunistische Theorie und Programm

1 Platon, *Sämtliche Dialoge*, hrsg. von Otto Apelt, Nachdr., Hamburg 1977, S. 195.
2 Platon, *Sämtliche Dialoge*, Darmstadt 1977, hrsg. von Klaus Schöpsdau, S. 315 f.
3 Aristoteles, *Politik*, übersetzt und mit erklärenden Anmerkungen versehen von Dr. theol. E. Rolfes, Leipzig 1948.
4 Augustinus in Alfons Heilmann, *Texte der Kirchenväter*, Bd. III, München 1964, S. 208.
5 Diderot (wirkl. Verfasser: Morelly), *Grundgesetz der Natur*, Leipzig 1848, S. 23.
6 Karl Marx/Friedrich Engels, *Werke*, Bd. 3, Berlin/DDR 1969, S. 533 f.
7 Karl Marx/Friedrich Engels, *Werke*, Bd. 1, Berlin/DDR 1976, S. 381.
8 Karl Marx/Friedrich Engels-Werke. Dietz Verlag, Berlin, Bd. 19, 4. Auflage 1973, unveränderter Nachdruck der 1. Auflage 1962, Berlin/DDR, S. 335–339.
9 Karl Marx/Friedrich Engels, »Das Kapital«, Bd. I, Siebenter Abschnitt, *Werke*, Bd. 23, Berlin/DDR 1968, S. 790 f.

10 Karl Marx/Friedrich Engels, *Werke*, Bd. 1, Berlin/DDR 1976, S. 481.

11 Georg Lukács, *Geschichte und Klassenbewußtsein.* Studien über marxistische Dialektik, Neuwied/Berlin 1970, S. 480.

12 Karl Marx/Friedrich Engels, »Die deutsche Ideologie«, *Werke*, Bd. 3, Berlin/DDR 1969, S. 33.

13 Jean Jaurès in Julius Braunthal, *Geschichte der Internationale*, Hannover 1961, S. 274.

II. Leninismus

1 Naum Jasny, *The Socialized Agriculture of the USSR: Plans and Performance*, Stanford 1949, S. 145 f.

2 Richard Pipes, *A Concise History of the Russian Revolution*, New York 1995, S. 121.

3 W. I. Lenin, *Polnoe sobranie sochinenii* (Gesammelte Werke), 5. Ausg., Moskau 1958–1965, Bd. 41, S. 383.

4 Niccolò Machiavelli, *Der Fürst*, übers. und hrsg. von Rudolf Zorn, Stuttgart 1963, S. 38.

5 Richard Pipes, *Die Russische Revolution*, Bd. 2, Berlin 1992, S. 624.

6 L. Kritsman, *Die heroische Periode der Großen Russischen Revolution. Ein Versuch der Analyse des so genannten »Kriegskommunismus«*, Wien/Berlin 1929, S. 257.

7 Isaak Steinberg, *In the Workshop of the Revolution*, London 1955, S. 145.

8 Lenin, *Polnoe sobranie sochinenii*, Bd. 37, S. 39 ff.

9 Richard Pipes, Hrsg., *The Unknown Lenin: From the Secret Archive*, New Haven 1996, S. 50.

10 A. G. Latyshev, *Rassekrechennyi Lenin*, Moskau 1996, S. 40. Diese Passage gestrichen in Lenins *Polnoe sobranie sochinenii*, 5. Aufl.

11 Lenin, *Polnoe sobranie sochinenii*, Bd. 42, S. 1.

12 Clara Zetkin, *Erinnerungen an Lenin*, Berlin 1961, S. 24.

III. Stalin und danach

1 Pipes, *Unknown Lenin*, S. 152 f.

2 Mikhail Heller und Aleksandr Nekrich, *Utopia in Power: The History of the Soviet Union from 1917 to the Present*, New York 1986, S. 201.

3 Alec Nove, *An Economic History of the USSR*, London 1988, S. 208.

4 Nicholas Werth in Stéphane Courtois, Hrsg., *Das Schwarzbuch des Kommunismus. Unterdrückung, Verbrechen und Terror*, München 1998, S. 173 f.

5 Ebenda, S. 181.

6 Nove, *Economic History*, S. 243.

7 Werth in Courtois, Hrsg., *Schwarzbuch des Kommunismus*, München 1998, S. 178 und S. 185.

8 M. B. Olcott in *Russian Review*, Bd. XL, Nr. 2, 1981, S. 122 und 136.

9 Zitiert in Theodore Draper, *Castroism: Theory and Practice*, New York 1965, S. 217/18.

10 Alfred Mirek, *Krasnyi mirazh*, Moskau 2000, S. 265 f.

11 Vladimir Naumov in William Taubman u. a., Hrsg., *Nikita Khrushchev*, New Haven 2000, S. 90.

12 Sheila Fitzpatrick, *Everyday Stalinism*, New York 1999, S. 127.

13 Bertram D. Wolfe, Hrsg., *Khrushchev and Stalin's Ghost*, New York 1957, S. 124.

14 David Remnick, *Lenin's Tomb: the Last Days of the Soviet Empire*, New York 1993, S. 406, Anm. 163.

15 Michael Voslensky, *Nomenklatura: die herrschende Klasse der Sowjetunion in Geschichte und Gegenwart*, Wien 1980, S. 47.

16 Remnick, *Lenin's Tomb*, S. 172 f.

17 *The New York Times*, 15. August 2000, S. A7.

18 Rudolf G. Pikhoia, *Sovetskii Soiuz: Istoriia vlasti, 1945–1991*, Moskau 1998, S. 140.

19 *Sistema ispravitel'no-trudovykh lagerci v SSSR, 1923–1960*, Moskau 1998, S. 48.

20 Nove, *Economic History*, S. 180.

21 Karl Marx/Friedrich Engels, »Die Klassenkämpfe in Frankreich 1848–1850«, *Werke*, Bd. 7, Berlin/DDR 1960, S. 79.

22 Leo Trotzki, *Literatur und Revolution*, Berlin 1968, S. 68 und S. 214 f.

23 Louis Fischer in Arthur Koestler u. a., *Ein Gott, der keiner war*, München 1962, S. 205.

24 Nadeshda Mandelstam, *Hope Against Hope*, New York 1970, S. 13.

25 Maxim Gorki, *Lénine et le paysan russe*, Paris 1924, S. 64.

26 Henry Picker, Hrsg., *Hitlers Tischgespräche im Führerhauptquartier 1941–42*, Bonn 1951, S. 119.

27 *Sto sorok besed s Molotovym: Iz dnevnika F. Chueva*, Moskau 1991, S. 184.

28 J. W. Stalin, *Sochineniia*, Bd. 7, Moskau 1952, S. 14 und Hervorhebung durch den Autor.

29 John Erickson und David Dilks, Hrsg., *Barbarossa: The Axis and the Allies*, Edinburgh 1994, S. 261.

30 Leonard Schapiro in George Urban, Hrsg., *Stalinism*, New York 1982, S. 423.

31 Andrej Sinjawskij, *Der Traum vom neuen Menschen oder Die Sowjetzivilisation*, Frankfurt 1989, S. 262 f.

32 Robert W. Pringle in *International Journal of Intelligence and Counterintelligence*, Sommer 2000, S. 195.

33 Markus Wolf, *The Man without a Face*, London 1997, S. 218 f. Markus Wolf, *Spionagechef im geheimen Krieg: Erinnerungen*, München 1997, o. A.

IV. Die Rezeption im Westen

1 Jane Degras, Hrsg., *The Communist International, 1919–1943: Documents*; Bd. 1, London 1956, S. 128.

2 Pipes, Hrsg., *The Unknown Lenin*, S. 90.

3 Lenin, *Polnoe sobranie sochinenii*, Bd. 41, S. 38.

4 Degras, *The Communist International*, Bd. 1, S. 166–172.

5 Arthur Koestler, *Die Geheimschrift: Bericht eines Lebens 1932–1940*, München 1954, S. 47.
6 Arthur Koestler, *Das rote Jahrzehnt*, Wien und Zürich 1991, S. 18 f.
7 Julius Braunthal, *Geschichte der Internationale*, S. 291.
8 *The Times*, London, 11. Februar 1920, S. 9.
9 Lenin, *Polnoe sobranie sochinenii*, Bd. 49, S. 15, und Bd. 38, S. 139.
10 Carl J. Friedrich, Hrsg., *Totalitarism: Proceedings of a Conference Held at the American Academy of Arts and Sciences*, Cambridge (Mass.) 1954, S. 49.
11 Hans Buchheim, *Totalitäre Herrschaft: Wesen und Merkmale*, München 1962, S. 43 f.
12 Benito Mussolini, *Opera omnia*, Bd. 17, Florenz 1955, S. 295.
13 Picker, Hrsg., *Hitlers Tischgespräche*, S. 113.
14 *The New York Times*, 11. August 1990, S. A2.
15 *The New York Times*, 18. Juni 1992, S. A18.
16 David Childs, Hrsg., *The Changing Face of Western Communism*, London 1980, S. 276.

V. Die Dritte Welt

1 Courtois in *Schwarzbuch des Kommunismus*, S. 822.
2 François Ponchaud in Karl D. Jackson, Hrsg., *Cambodia 1975–1978: Rendezvous with Death*, Princeton 1989, S. 152.
3 Pipes, Hrsg., *The Unknown Lenin*, S. 121.
4 Kolakowski, Leszek, *Die Hauptströmungen des Marxismus: Entstehung, Entwicklung, Zerfall*, Bd. 3, München 1977–1979, S. 538 und S. 565.
5 Karl Marx/Friedrich Engels, *Die deutsche Ideologie*, S. 27.
6 *Worte des Vorsitzenden Mao Tse-tung*, Peking 1967, S. 70 und S. 74.
7 Ebenda, S. 166.
8 Stuart Schram, *Mao Tse-tung*, Frankfurt am Main 1966, S. 289.
9 Donald S. Zagoria, *Der chinesisch-sowjetische Konflikt 1956–1961*, München 1964, S. 424.

10 *Worte des Vorsitzenden Mao Tse-tung*, S. 44 f.

11 Jasper Becker, *Hungry Ghosts: China's Secret Famine*, London 1996, S. XI.

12 Kenneth M. Quinn in Jackson, *Cambodia*, S. 238.

13 Jackson, *Cambodia*, S. 3 und S. 150.

14 Charles M. Twining in Jackson, *Cambodia*, S. 110.

15 Draper, *Castroism*, S. 48 f.

16 Sergej Chruschtschow, *Nikita Khrushchew*, University Park 2000, S. 627.

17 Silvana Paternostro in *The New Republic*, 10.–17. Juli 2000, S. 20.

18 Peter Woodward, *The Horn of Africa*, London und New York 1996, S. 99.

VI. Der Blick zurück

1 Kolakowski, Leszek, *Die Hauptströmungen des Marxismus*, Bd. 3, S. 621.

2 Mussolini, *Opera omnia*, Bd. 15, Florenz 1954, S. 93.

3 Sergej Chruschtschow, *Nikita Khrushchew*, S. 701.

Anregungen zur weiterführenden Lektüre

Die Literatur zur kommunistischen Theorie und Praxis ist, legt man praktische Maßstäbe an, unerschöpflich: allein die Bibliothek der Harvard University führt über 20 000 diesem Thema gewidmete Werke auf. Die Zahl der sich allgemein mit dem Thema befassten Bücher sowie der Zeitschriften- und Zeitungsartikel reicht zweifelsohne weit in die Hunderttausende hinein. Der Harvard-Katalog listet für Marx 3567 und für Lenin 4301 Einträge auf. Eine knapp gefasste Bibliografie des Themenbereichs muss notgedrungen sehr selektiv und willkürlich ausfallen. Da jedoch die meisten der unten aufgeführten Werke ihrerseits Listen mit Vorschlägen zur weiterführenden Lektüre enthalten, sollten Leser, die sich intensiver mit einem bestimmten Thema auseinander setzen möchten, keine Probleme haben, aus der Fülle der Literatur die für ihre Zwecke dienlichen Werke herauszusuchen.

Die intellektuelle Entwicklungsgeschichte des Themas des Goldenen Zeitalters wird erzählt in Frank E. Manuel und Fritzie P. Manuel, *Utopian Thought in the Western World* (Cambridge, Mass., 1979). Weitere hilfreiche Informationen dazu finden sich in Alexander Grays *The Socialist Tradition: From Moses to Lenin* (London 1963). Das Standardwerk zum Marxismus und den daraus hervorgegangenen ideologischen Strömungen ist *Die Hauptströmungen des Marxismus: Entstehung, Entwicklung, Zerfall*, 3 Bde. (München 1977–1979) von Leszek Kolakowski. Andrzej Walicki legt in *Marxism and the Leap to the Kingdom of Freedom* (Stanford 1995) die Verbindung zwischen marxistischer Theorie und kommunistischer Praxis dar. Die Erste und Zweite Internationale werden behandelt in Julius Braunthals *Geschichte der Internationale*, 3 Bde. (Hannover 1961–1971).

Was die russische Revolution betrifft, mag der Leser meine Bücher *Die russische Revolution*, Band 1: Der Zerfall des Zarenreiches (Berlin 1992), *Die russische Revolution*, Band 2: Die Macht der Bolschewiki

(Berlin 1992) sowie *Die russische Revolution*, Band 3: Russland unter dem neuen Regime (Berlin 1993), konsultieren. Eine Zusammenfassung der Bände liegt auf Englisch unter dem Titel *A Concise History of the Russian Revolution* (New York 1995) vor. Eine andere Bewertung der Ereignisse findet sich in Sheila Fitzpatricks *The Russian Revolution*, 2. Ausg. (Oxford und New York 1994). Gleichfalls sehr lesenswert sind die Augenzeugenberichte der Revolution zweier herausragender russischer Schriftsteller: Iwan Bunin, *Verdammte Tage* (Moskau 1999), sowie Maxim Gorki, *Unzeitgemäße Gedanken über Kultur und Revolution*, hrsg. von Bernd Scholz (Frankfurt/Main 1974). Eine unter Verwendung bislang unzugänglicher Archivquellen erstellte Biografie des Gründers der Sowjetunion liegt vor mit Dmitrii Wolkogonow, *Lenin: Utopie und Terror* (Düsseldorf 1994). Wolkogonow ist darüber hinaus Autor von *Stalin: Triumph und Tragödie. Ein politisches Porträt* (Düsseldorf 1990). Roy Medwedew hat mit *Das Urteil der Geschichte: Stalin und Stalinismus*, 3 Bde. (Berlin 1992) einen sehr informativen Bericht über die Stalin-Ära verfasst.

Mit Mikhail Hellers und Aleksandr Nekrichs *Utopia in Power: The History of the Soviet Union from 1917 to the Present* (New York 1986) steht dem Leser eine sehr gute Übersicht der Geschichte der Sowjetunion zur Verfügung. Die zentrale Institution des Sowjetstaates ist das Thema einer Monografie von Leonard Schapiro, *Die Geschichte der Kommunistischen Partei der Sowjetunion* (Frankfurt/Main 1961). Milovan Djilas, ein hochrangiger serbischer Kommunist, hat in seinem Buch *Die neue Klasse: eine Analyse des kommunistischen Systems* (München 1963) als einer der Ersten die Welt von der Existenz einer neuen Elite in der UdSSR in Kenntnis gesetzt, eine Elite, mit deren Privilegien sich Michael Voslensky in *Nomenklatura: die herrschende Klasse der Sowjetunion in Geschichte und Gegenwart* (Wien 1980) auseinander setzt. Alec Noves *An Economic History of the USSR* (London 1988) ist ebenso prägnant wie herausragend.

Alexander Solschenizyns *Der Archipel Gulag* (Reinbek bei Hamburg 1991) liefert eine dokumentarische Geschichte des sowjetischen Systems der Arbeitslager. Die Geschichte von Stalins Massakern wird nacherzählt in Robert Conquests *Der große Terror: Sowjetunion 1934–1938* (München 1992), vom selben Autor liegt auf Deutsch eine Stalin-Biografie vor, *Stalin: Der totale Wille zur Macht* (München und Leipzig 1991).

Die Anziehungskraft, die der Kommunismus auf ausländische Intellektuelle ausübte, ist Thema von Paul Hollanders *Political Pilgrims: Travels of Western Intellectuals to the Soviet Union and China and Cuba* (New York 1981). Mit der Desillusionierung sechs prominenter Autoren aus den Reihen dieser Intellektuellen befasst sich das von Arthur Koestler u. a. verfasste Buch *Ein Gott, der keiner war* (München 1962). Die Außenpolitik der UdSSR in der ersten Hälfte des 20. Jahrhunderts ist Thema von George Kennan, *Sowjetische Außenpolitik unter Lenin und Stalin* (Stuttgart 1961) sowie von Adam Ulam, *Expansion and Coexistence: The History of Soviet Foreign Policy, 1917–1967* (New York 1968). Die sowjetischen Beziehungen zum Westen von Ende des Zweiten Weltkriegs bis zur kubanischen Raketenkrise 1962 werden nachgezeichnet in John Lewis Gaddis, *We Now Know: Rethinking Cold War History* (New York 1997).

Jane Degras hat in *The Communist International, 1919–1943*, 3 Bde. (London 1956–1971), die wichtigsten Dokumente der Komintern zusammengestellt. Die Geschichte der Komintern wird erzählt von Franz Borkenau, *World Communism: A History of the Communist International* (Ann Arbor 1962) sowie von Kevin McDermott und Jeremy Agnew, *The Comintern* (London 1996).

Ein lebendiges Bild des Zusammenbruchs der Sowjetunion unter Einbeziehung persönlicher Beobachtungen und Gespräche zeichnet David Remnick in *Lenin's Tomb: the Last Days of the Soviet Empire* (New York 1993).

Die Geschichte des kommunistischen China bis 1982 ist Gegenstand der Teile 1 und 2, Bände XIV und XV des von Roderick MacFarquhar und John K. Fairbank herausgegebenen Werkes *The Cambridge History of China* (Cambridge 1987 und 1991). Die beste Dokumentation von Maos Geschichtsphilosophie findet sich in seinem eigenen Buch, *Worte des Vorsitzenden Mao Tse-tung* (Peking 1967). Eine gute politische und intellektuelle Biografie Maos liefert Stuart Schram in *Mao Tse-tung* (Stuttgart 1972); sein Leben erzählt Ross Terrill in *Mao: eine Biographie* (Hamburg 1981).

Die Pol-Pot-Periode in Kambodscha wird in einem von Karl D. Jackson herausgegebenen Sammelwerk beschrieben, *Cambodia 1975–1978: Rendezvous with Death* (Princeton 1989).

Besonders informativ, was Castro und den Kommunismus in Kuba angeht, sind meines Erachtens ein älteres Werk von Theodore Draper, *Castroism: Theory and Practice* (New York 1965), sowie ein neueres Buch von Susan Eva Eckstein, *Back from the Future: Cuba Under Castro* (Princeton 1994). Mit dem Kommunismus in Ostafrika beschäftigen sich Peter Woodward in *The Horn of Africa* (London und New York 1996) sowie Paul Henze in *Horn of Africa: From War to Peace* (New York 1991).

Was die kommunistische Episode in Chile betrifft, empfehle ich dem Leser Robert J. Alexanders *The Tragedy of Chile* (Westport 1978) sowie von Paul E. Sigmund *The Overthrow of Allende and Politics of Chile, 1964–1976* (Pittsburgh 1977).

Die menschlichen Kosten des Kommunismus im 20. Jahrhundert werden dargestellt und geschätzt in dem von Stéphane Courtois herausgegebenen Werk *Das Schwarzbuch des Kommunismus* (München 1998).

Personenregister